Haiti
Um Novo Dia

Evaristo Lacerda

DEDICATÓRIA

Aos meu netos Miguel, Gabriel, William, Wesley e Julia.
Às filhas Raquel, Léa, Débora e Ester.

E em especial, ao povo haitiano, por sua dedicação, seus
sonhos, sinceridade, amor e luta por uma vida melhor.

Centro de Petionville – Mercado Ambulante em toda parte

Praia de Jacksonbeach entre Leogane e Grand Guave

Blv.Delmas descendo de Petionville a Port-au-Prince

Jacmel. domingo de manhã Julho 2010

Rio que se alarga nas chuvas, Leogane

Kenscoff, Foto desde a Missão Batista em Haiti

Rodovia 1, Titanyen, baía e montanhas do outro lado

INDICE

Evaristo Lacerda

Domingo em Cité Soleil, 1600 no culto público

Rodovia 1 Sul, Em Leogane a floresta subexiste.

RECONHECIMENTO

A ONG que me deu a oportunidade de trabalho no Haiti. Através de minha posição como Coordenador de Recursos Humanos eu pude estudar o Código de Trabalho Haitiano, ler outros livros relacionados à cultura e modo de vida, enfim, conhecer um pouco deste afável país.

Entre tantos haitianos um se sobressai, o amigo Pierre R. Julien, ele escreveu o livro "The Hidden Ruler of Haiti", onde abre o coração sobre a pujança e as fraquezas do seu país. Em minhas conversas com nossos funcionários e pessoas de diferentes camadas da vida haitiana pude confirmar suas afirmações.

À minha esposa que teve que ficar sozinha por vários períodos enquanto estive no Haiti. Por sua paciência, compreensão e apóio através das orações diárias que fizemos juntos através de nosso telefone internet.

Brasileiros trabalhando pelo progresso do Haiti

Pierre G. Julien, nosso primeiro domingo em Cabaret

Paul Ulrich e Rachel Roxana, haitianos "Brasileiros".

1. INTRODUÇÃO

Visitar outro país é uma aventura, principalmente pelos costumes diferentes, seja a roupa, a comida, o jeito de falar, belezas naturais, etc. Hoje há tantos programas de TV mostrando estes países e ainda mais com a internet onde podemos ver mapas, e em alguns casos podemos até fazer um passeio virtual por suas ruas e praças, ver fotos, videos, e se temos uma língua em comum podemos nos comunicar com seu povo. Podemos ainda comparar nossa maneira de viver e aprender uns dos outros.

O Haiti será nossa aventura de hoje, vamos caminhar por suas ruas e conhecer um pouco do seu povo. Todos países do mundo teem sua história de lutas e vitórias. Estou interessado em mostrar um pouco do país, diferente do que vemos e ouvimos na mídia mas sim através da ótica de quem viveu lá por oito meses e viu um povo que se renova a cada dia. Um povo que levanta a cada manhã com um renovado amor pela vida, com espectativas de esse dia será diferente, com novas oportunidades, afinal esse é um novo dia. E se nada acontecer, esse dia tras outro com novas oportunidades.

Mesmo antes do terremoto de 12 de janeiro que abalou aquela nação, já havia muito interesse de outros países sobre o Haiti. Em primeiro lugar o óbvio, é um mercado de 10 milhões de pessoas. Mesmo no meio da precária economia uma empresa de celular lucrou milhões de dólares em 2010. Quando o govêrno abrir as portas para investimentos pesados quem tiver o pé dentro terá uma fatia maior. Em segundo lugar, o país tem uma beleza particular que não se encontra em nenhuma outra região do Caribe ou América Central. As Altíssimas cordilheiras lembram paisagens europeias e, com alguns poucos retoques, podem dar lugar a resorts lucrativos, devido ao clima e uma vista espectacular entre outras comodidades.

Creio que essa é a principal razão porque os tantos haitianos são tão zelosos de seu país. Olham com desconfiança toda atividade internacional em suas terras. Querem ver o que é que as multinacionais podem fazer por eles. A esperança é que um govêrno legitimo encontre o equilíbrio entre o capital estrangeiro e a preservação dos valores socio-culturais do país. Eles conhecem como a elite, os poucos ricos, entram na politica e enriquecem em contratos leoninos com empresas estrangeiras, enquanto que o grosso da população passa fome nas cidades ou em vilas vivendo da agricultura de subexistencia, fornecendo trabalhadores baratos e as fortunas acumulando-se nas mãos de poucos. Os haitianos conhecem sua história, ela é lida nas classes de aula e discutida nas radios quase diariamente.

Creio que chegará o momento em que as elites vão perceber que govêrno não significa compartilhar despojos mas sim uma maneira de unir o país, de encontrar soluções conjuntas para os problemas estruturais da nação. Senão, será o povo que descubrirá que unidos em comunidades locais intereagindo através do país eles é que teem o poder de governar por intermedio de pessoas que representem democraticamente as aspirações desse povo sofrido.

Este livro é sobre os oito meses que tive o privilégio de viver e trabalhar lá. Privilégio de conhece-los melhor, previlégio de trabalhar em uma ONG cristã que veio para ajudar, através dela pude interagir com haitianos que têm um profundo amor por seu país. Eu vi o outro lado dessa nação, não o lado que os meios de comunicação nos passam, mas sim a beleza, pureza, honestidade, capacidade de trabalho, a vida afável de pessoas que, apesar de todas as catástrofes ora naturais ora resultado da mão humana, nunca desistem da esperança dada por Deus de uma vida melhor para eles e seus filhos. Vi o país da ótica do ex-professor universitário na matéria Estudo dos Problemas Brasileiros que fui, mas essa visão não é só minha, ela é compartilhada por centenas de haitianos e haitianas com quem tive o previlegio de interagir em nossas conferências e principalmente nas horas incontáveis de conversas amigáveis, aprendendo e amando este Haiti afável marcado pelo obstinado amor à vida, amor que se renova a cada dia.

Casa Branca, Palacio Presidencial destruido.

Centro de Port-au-Prince, mais de 250.000 mortos.

2. CHEGANDO NO HAITI

Nossa história começa no dia 10 Abril de 2010. Às 3 da tarde cheguei no Aeroporto Internacional Toussaint Louverture, em Port-au-Prince, capital do Haiti. Não era essa a primeira vez que estava vindo ao país, 10 anos antes eu havia ido visitar meu irmão que na época morava lá e pude conhecer um pouco do país naquela memorável semana. Dessa vez contudo estava indo por outro motivo, estava indo a trabalho, tinha assinado contrato de um ano para servir uma organização não governamental (ONG) no departamento de recursos humanos, estaria contratando nacionais nas duas bases que haviam lá. Foi através desse trabalho que tive a oportunidade de ter uma melhor compreensão, de ver o quadro completo de um país maravilhoso com um povo afável ainda que em meio a todos os problemas que o Haiti enfrenta. Se você não se importa, gostaria de convida-lo ou convida-la a caminhar comigo nas ruas, vilas e cidades desse país, sem medo ou apreensões, apenas apreciando entre outras coisas a outra face do Haiti.

Realidade é a nossa percepção, e percepção depende de nosso conhecimento. Para compreender a realidade do Haiti precisaríamos viver com seu povo, saber todos os aspectos possíveis de sua vida. A minha realidade do Haiti é baseada na interação com diferentes partes da sociedade, na leitura de sua história, ouvindo o rádio, e em conversas com nossos trabalhadores e lideres religiosos.

Ainda no avião na chegada ao aeroporto pude ver da janela parte da destruição que o terremoto de 12 de Janeiro, tres meses antes, havia causado no país. Casas e edifícios de 2 ou 3 andares estavam reduzidos a uma camada de concreto e blocos pulverizados. Quase 50% das casas e dificios de Port-au-Prince, capital do país, haviam sucumbido, reduzidas à escombros. O proprio aeroporto funcionava com 50 % de sua capacidade, se viam as paredes rachadas em vários lugares.

Quando saí do aeroporto, pude entender o que me haviam dito antes da minha partida, "não saia da gaiola até que você entre em contato com nosso motorista". Desci do avião, passei pela alfandega e fui ao galpão de bagagens, após duas horas de espera me dei conta que minhas malas não haviam chegado naquele vôo. As malas estavam pintadas com as letras EL em branco, idéia de minha esposa para melhor identificá-las rapidamente em minhas viagens. Eu não tinha um celular comigo, então pedí a uma pessoa na linha de reclamação de bagagem se poderia ter a amabilidade de chamar nosso motorista.

Na linha de reclamação de bagagens haviam umas vinte pessoas do mesmo vôo, a American Airlines não estava fazendo um bom trabalho, mesmo quando tive que esperar 5 horas no aeroporto de Miami na conexão entre Greensboro, Carolina do Norte e Haiti. Em 5 horas de espera pensei que seria tempo suficiente para mudarem as bagagens de um vôo para o outro. Ainda bem que eu tinha o número do telefone do Kayo, chamei-o para lhe dizer a razão do meu atraso. Feita a reclamação e com o recibo na mão comecei a sair do galpão e do lado de fora vi a cerca alta feita de grades de ferro, como se fosse uma "gaiola". Do outro lado da grade haviam centenas de haitianos, uns tentando ajudar a levar as bagagens e fazer um dinheirinho rápido, outros gritando "taxi, taxi". Meu "motorista" era um colega de trabalho que havia se voluntariado para levar e buscar nossa gente, aprendi depois. Ele tinha uma placa na mão com o nome da nossa organização e me levou direto para o carro e daí saimos em direção ao nosso "acampamento".

Viajar a um país desconhecido gera certa angústia. Podemos ser assaltados, tratados com violencia ou até mesmo enfrentar a morte. Não importa se é Nova York, Paris ou São Paulo, mal caráter existem em todo lugar. Então, o que precisamos fazer é tomar todas as precauções necessárias antes de chegar, e minha empresa foi muito boa nesse aspecto. Em junho de 2010, recebemos um alerta da embaixada americana dizendo que naquele mês haviam quatro registros policiais de americanos mortos em táxis na área do aeroporto. Temos de usar toda a cautela e planejamento em qualquer viagem.

Após deixar a "gaiola" o que primeiro me impressionou foi a multidão, centenas ou milhares de pessoas em todos os lugares, e o trânsito maluco. Que bom que o Cayo era um bom motorista, já tinha se climatizado com a maneira dos haitianos dirigirem. Dirigir, para muito deles é um jogo, uma diversão. É como dirigir na cidade maravilhosa ou em outras cidades semelhantes, "sai da frente que atrás vem gente". Você tem que jogar o jogo deles, com cautela, é claro. O incrível é que o Código de Trânsito haitiano é baseado na "cortesia", e, graças a Deus, um grande número de motoristas são educados, se você precisa virar à esquerda, você levanta a mão para fora da janela e alguém do tráfego no sentido contrário, à sua esquerda, deixa, sorrindo, você passar. O tráfico é louco mas o haitiano não é bobo, consertar carro custa caro, e segurança....bom, seguro morreu de velho, lá também.

Depois da multidão e do tráfego vem algo que tem sido um sinal de decadência crescente nas últimas décadas, as ruas sujas, lixo por toda parte. Mesmo muito antes do terremoto, o sistema de coleta de lixo era precário, e jogar garrafas e resto de comida na rua tornou-se "normal", não era assim nos tempos de "Papa Doc", presidente Duvalier, me dizia um saudosista. Infelizmente ainda há pessoas que urinam nas ruas, como não há suficientes banheiros publicos nos lugares de comercio, todos, senão a grande maioria, acha normal.

Algo porém me impressionou mais que tudo, o comércio ambulante. Na luta pela sobrevivência os haitianos aprenderam a vender de tudo o que seja, colocam um pano, papelão, qualquer coisa que se possa colocar no chão e ai vendem bananas, manga, agua em sacos de plástico, sabão, pasta de dente ... me lembrei da feira de Caruarú, ou das feiras de São Paulo, pelo menos lá tem bancas ou toldos, aqui, é no chão mesmo. Como eles tomam conta das calçadas o povo que ande na rua, disputando espaço com carros, ônibus e caminhões. Dentro da van semi-nova de nossa ONG tudo parecia um filme na tela da janela do carro, procurei imaginar o que todo mundo estaria pensando naquele momento.

Nosso carro tomou à direita saindo do aeroporto, deixamos para traz o mercado ambulante que se extendia até a rotatória do Boulevard des Industries, passamos em frente ao Parque Industrial, onde empresas texteis atraem centenas de trabalhadores, dai o mercado ambulante especialmente vendendo comida. À nossa direita meu primeiro encontro com centenas de barracas, abrigos temporários, que se extendiam entre a rua e o terreno do aeroporto. Entramos da Rodovia 1, que corta a cidade ligando o norte ao sul do Haiti, tomamos à direita e logo em seguida dobramos à esquerda na famosa Encruzilhada Milhonária, segundo meu amigo Pierre, aí era o lugar onde traficantes e bandidos deixavam suas vitimas de sequestro. Contudo nos 8 meses que estive em Haiti, nunca soube de nenhum crime nessa área, talvés porque o exercito americano tinha agora uma base aí por algum tempo.

Como um kilometro de descampado chegamos na Rodovia 9, ou rodovia nova como alguns a chamam, ai dobramos à esquerda, e logo entramos em Cité Soleil para buscarmos alguem e daí seguiríamos para nosso destino final. Atravessar Cité Soleil é de partir o coração. O terremoto havia destruido a maioria das casas. O Haiti é o segundo país mais pobre do mundo, segundo recente estatísticas, e Cité Soleil é a vila mais pobre do Haiti. O epicentro do "goudou goudou" (pronúncia gudú-gudú), nome carinhoso com que muitos haitianos chamam ao terremoto, lembrando o som causado por ele, aconteceu entre PAP (Port-au-Prince) e Leogane, cerca de 10 km. ao sul. Porém a força do terremoto, 7.3 na escala Richter, destruiu milhares de casas em um raio de 50 kilometros do epicentro. Cité Soleil está ao norte do hub (concentração de várias cidades tão juntas que uma se confunde com as outras) PAP, ligada através do porto. Grande parte da cidade é um mar de barracas com teto de lata, algumas ruas teem casas contiguas onde se veem pessoas procurando viver com dignidade no meio da pobreza indizível. Infelizmente é daí que muitos bandidos controlam o tráfico de drogas, seqüestros, armas e poder de voto no país.

As pessoas não se tornam bandidos por serem pobres, mas certamente os bandidos usam lugares como esses para recrutarem pessoas inexperientes ou imaturas, jovens que se deixam levar pela aparente vida fácil do crime, pela fama e fantasia de uma vida emocionante, ou pior, pela falta de opções de um trabalho ou de uma carreira. Hoje entendemos que podemos deixar que as circunstâncias nos moldem ou podemos fazer o contrário, sair e lutar pelo nosso destino. Alguem nascido em Cité Soleil pode pensar que seu crescimento entre drogas, lascívia e violencia é parte de uma infância "normal" porque é a vida normal de todo mundo em redor. Na luta pela sobrevivência fazem o que podem para se manterem vivas, talvéz tenham a "sorte" de interagir com pessoas diferentes e tenham a inteligencia de perceber a diferença e, por misericordia, se espera que tenham a força de lutar para terem uma vida melhor.

Pegamos a pessoa que nos esperava na clinica em Cité Soleil e regressamos pela Rodovia 9 até chegarmos à intersecção com Rodovia 1 fora da cidade, agora já meio caminho do nosso destino. Minha próxima impressão foram as estradas. Estradas esburacadas ou buracos com "estradas" dentro? Não é àtoa que há tantos acidentes no país. Haviam danos na Rodovia 9 causados pelo terremoto mas o resto era pura falta de conservação. No meu tempo lá vi que o govêrno tem turmas de recapeamento de asfalto, mas como são poucas turmas e uma pobre qualidade de asfalto, quando tapam um buraco aqui, o tráfico abre outros nas proximidades.

Como disse antes eu havia visitado o país em outra época. Meu irmão estava trabalhando lá, em uma empresa de cigarros em PAP. Lembro-me que ele me levou ao alto da montanha onde se encontra a Missão Batista Conservadora do Haiti em Kenscoff passando por Petionville.

Visitamos o centro da capital como também fomos à praia de Calico caminho de São Marcos, mesmo naquela época as ruas já eram ruins embora trechos da Rodovia 1 tinha recapeamento recente . Dessa vez visitando outras partes do país encontrei boas estradas como a Rodovia 3 que liga PAP a Mirebeulais, também a estrada de Leogane a Jacmel, e outras mesmo nas montanhas.

Ao dobrarmos à esquerda na Rodovia 1 em direção ao norte, pude contemplar a beleza do país, a estrada margea o mar , entre a calma baía e o sopé das montanhas. Depois de uns 10 minutos chegamos finalmente ao acampamento. Tive a impressão de estar entrando em uma zona militar, cercas com rolos de arame farpado no topo, guardas armados, portão único e o protocolo dos crachás . O raciocínio da necessidade de tal segurança é a instabiliade politica como também a possibilidade que algum bando armado pudesse invadir nosso local de trabalho. Logo me acostumei com a mentalidade de segurança.

Já eram 5 da tarde, após ser apresentado à minha equipe de trabalho, fomos para o refeitório onde mais de 50 pessoas conversavam animadamente. Às 18:30 participei da reunião de boas vindas e orientação onde todas as informações sobre a vida no acampamento nos foram passadas inclusive e ostensivamente as normas de segurança. Ao principio iria ficar no dormitório geral masculino, mas como meu contrato era mais longo, fui enviado às tendas, tipo militar, com ar condicionado, regalia de poucos e sofrimento meu nos primeiros dias, pois mantinham a temperatura baixíssima. Com o tempo me acostumaria à rotina diária do acampamento. Antes de dormir agradeci a Deus por tudo, especialmente essa nova experiencia, conhecer melhor e servir o povo do Haiti.

Rodovia 1 entre PAP e Leogane

Trabalho, escola, mercado, tap-tap por toda parte...

Cité Soleil, em frente da clinica.

Livros para vender, em frente da faculdade de Direito

3. GENTE ESPECIAL

Meu trabalho foi o de organizar a área de Recursos Humanos entre os nacionais, uma vez que os funcionários vindo de fora, chamados expats (forma curta de expatriates, gente que vive ou trabalha fora do país, EEUU), eram tratados diretamente pela sede da organização nos Estado Unidos. Tinhamos alguns poucos nacionais trabalhando como tradutores, motoristas, ajudantes na distribuição de alimentos e na construção de abrigos temporários. Meu primeiro desafio foi conhecer a legislação local. Eles já tinham contratado uma pessoa para trabalhar na área de recrutamento, Paul, um haitiano com um bom conhecimento de Inglês. Logo nos tornamos amigos e começamos a trabalhar duro para organizar o departamento pessoal. Ele me emprestou o Código de Trabalho haitiano que começei logo a ler, o meu francês não era tão bom, mas com um dicionário na mão e Paul ao meu lado, procuramos fazer todo o possível para que seguíssemos as leis do país.

Como advogado brasileiro, ainda que vivendo no Estados Unidos já a algum tempo, logo percebi uma certa semelhança com nossas leis trabalhistas brasileiras. Me formei na Faculdade de Direito de Campos RJ. Posso entender a luta do haitiano pois para me formar tive que trabalhar de dia para pagar meus 5 anos na faculdade à noite. Militei como advogado trabalista por pouco tempo e, como advogado as portas da Universidade de Taubaté me foram abertas para ensinar Estudo dos Problemas Brasileiros, que na época era uma abordagem sócio-político da economia brasileira. Eventualmente, fiz uma pós-graduação em direito processual. Quando vim morar nos EUA, o meu primeiro emprego foi em uma agência de trabalho temporário, recrutando americanos como também pessoas de fala espanhola. Lá aprendí algo das leis norte-americanas de trabalho como também aprimorei o inglês enquanto também aprendia o espanhol. Tudo isso foi levado em consideração quando me ofereceram o trabalho de Coordenador de Recursos Humanos na organização que estava trabalhando agora.

Com o código na mão queria encontrar outras ONG's (Organização Não-Governamental) ou alguém com conhecimentos em Recursos Humanos em Haiti para me dar alguns conselhos em como aplicá-lo na pratica. No mesmo dia que cheguei no Haiti, um outro novo trabalhador chegou também, um haitiano-americano que conquistou a admiração e minha amizade de imediato, o seu nome Pierre, pastor Pierre G. Julien. Ele nasceu e cresceu no Haiti até os 16 anos de idade, quando então se mudou para os EUA. Ele se tornou um W4 no Exército dos EUA e graduou-se com um mestrado em Logística. Ele pediu aposentadoria aos 25 anos de trabalho porque queria dedicar sua vida ao seu país de origem. Sua visão: entregar-se completamente no trabalho por um Haiti melhor. Ele escreveu um livro "Haiti, The Hidden Ruler", ou seja, Haiti, O govêrno Oculto", a história de como o Haiti nasceu e desenvolveu-se no vudú e como aquelas praticas influenciaram seu país e a vida de sua familia em particular, como ele foi liberto do vudú por sua fé em Cristo e como o Haiti poderia mudar para ser um país melhor. Devorei cada página do livro, e como eu havia escrito um livro sobre a mensagem de Cristo e Seu reino, Pierre também o leu em sua primeira semana no acampamneto. Nos tornamos amigos e companheiros tanto na oração como na visão de um Haiti melhor. Agora eu tinha um motivo maior para entender as leis do Haiti e sua cultura.

Pierre foi contratado como gerente do programa de logística. Muito dinâmico e comunicativo logo me levou para a base da ONU onde buscamos encontrar um cluster (grupo de trabalho) de Recursos Humanos. Fomos informados que não havia tal cluster ainda. Continuamos a buscar entre as ONG's na base da ONU, alguem que nos pudesse dar alguma informação sobre RH para nacionais. Encontramos uma jovem haitiana que veio a ser um grande apoio em todas as minhas necessidades de RH. Sylvia tinha 5 anos de experiência e agora estava trabalhando com uma ONG americana. Ela prontamente se ofereceu para nos ajudar. Marcamos uma reunião e eu trouxe o amigo Peter, um advogado aposentado vindo da Inglaterra como voluntario em nossa organização. Quanto mais eu lia o Código de Trabalho mais perguntas eu tinha e precisava respostas como aplicar o código na prática do dia a dia.

Marcamos a reunião num quiosque de vender pizzas ao lado da embaixada americana. Como não tínhamos muitos motoristas naqueles primeiros dias, e o Peter já havia se habituado a dirigir até o porto local, aliás essa era a razão do Peter ter sido chamado para ajudar, sua especialidade em leis de alfândega. Bom, o Peter decidiu ser o motorista, pensei que ele conhecesse a cidade ou que pelo menos tivesse um mapa consigo. Nos perdemos. De Titanyen, onde estava nosso acampamento, ao Aeroporto é bem simples, tome a Rodovia 1 sentido sul e ela passa ao lado do aeroporto. O problema é do aeroporto até a embaixada em Tabarre. Eu havia olhado o mapa no google, e o Peter esteve uma vez na embaixada. Sabiamos que tinhamos que virar à esquerda depois do aeroporto.

Olhando o mapa google de Port-au-Prince, vemos a rodovia 1 ou 100 e dentro da cidade ela se junta com a 2 ou 200, logo identificamos o aeroporto internacioanal, deverimaos ter tomado a "route de tabarre" mas como tinhamos ido pela rota 9, chegamos ao aeroporto depois da entrada de tabarre, assim a próxima rua à esquerda era a Avenida Mais Gate, seguimos por ela, se tivessemos o mapa poderiamos ter tomado a Delmas 33 à esquerda e chegaríamos a Route de Tabarre, mas por insistência do Peter continuamos direto. Depois do cruzamento com a Delmas o quadro mudou, fomos parar no fim dos bairros viajando por "detrás" da cidade. O asfalto acabou, a rua agora era de cascalhos, atravessamos riachos esgoto-aberto que cortam a cidade. O Peter queria voltar. Vi que a rua estava se virando para o norte, se continuássemos sabia que chegaríamos na rua que buscavamos. Depois de quase uma hora chegamos a uma grande base militar, reconheci a bandeira brasileira, me senti salvo, chegavamos ao Champ Charles, base brasileira no Haiti, diz o mapa. Perguntei onde estava a embaixada americana. No próximo quarteirão, responderam. Chegamos ao encontro depois de uma pequena aventura que me levou a conhecer o interior de Port-au-Prince como também a descobrir onde estavam a maioria dos brasileiros naquele país.

Antes de conhecer a Silvia, haviamos tido um encontro com um grupo de pastores, alguns deles advogados, de uma grande denominação religiosa do país, eles tinham sua própria maneira de interpretar as leis trabalhistas. Não me sentí a vontade com o que ouvi deles, assim o encontro que tinha agora revestía-se de maior importância. Aprendi sobre que tipos de contratos deveriamos ter e os cuidados com os "tres meses de experiência", e como fazer de tudo para evitar o forum haitiano. A conversa com a Silvia foi muito proveitosa, valeu o esforço.

Duas semanas haviam passado quando decidi visitar algumas livrarias para comprar livros sobre a aplicação da lei e modelos de contratos etc, procurei na internet o nome , endereço e telefone delas, mas as poucas que tentei contatar já não tinham o mesmo telefone. Muitas haviam sido destruidas. Assim eu o Paul fomos ao centro de Port-au-Prince procurando o Departamento de Direito da Universidade do Haiti. Interessante é que o meu amigo Paul mesmo tendo uma pequena escola para crianças e uma classe de inglês para jovens, ele evitava andar na capital. Descobri que, ainda que Titanyen, a pequena vila onde Paul vivia , não estivesse mais que 30 minutos da capital, contudo o povo não gosta de ir lá, assim cada ida à capital era uma aventura. Quando chegamos ao centro vimos o palacio do govêrno , o ministério da justiça e outros edifícios todos destruidos. Me deu profunda tristeza ver as ruínas do que costumava ser o belo edifício da Faculdade de Direito, o terremoto havia destruído o edifício e sua biblioteca, ficou somente a fachada da frente. Eu encontrei na rua alguns dos seus livros vendidos na calçada. Infelizmente não encontrei nada sobre contratos, ou a aplicação da lei. Acabei por comprar apenas um "Code Du Travail" , Código de Leis Trabalhistas, para mim.

4. UMA BREVE HISTÓRIA

Depois de nossa aventura nas ruas de Port-au-Prince, agora escrevendo o contrato que sintetizei segundo as nossa necessidades, usando quatro outros contratos, inclusive um que a Silvia gentilmente nos cedeu, começei a entrar em contato com nossos funcionários. Andando pelas pequenas vilas, distante apenas uns 30 minutos da capital, vendo a falta de água encanada, esgotos etc. Comecei a conversar com pessoas que ficaram na minha memória.

A Raquel é uma jovem que encanta pelo seu doce sorriso, ela trabalha com a equipe de mobilização comunitária, fazendo campanhas de esclarecimento público sobre higiene e outros assuntos. Soube depois sua história, o terremoto havia destruido a casa onde morava com sua mãe e um irmão pequeno. Eles foram morar com a irmã, mas a casa era tão pequena que mal cabiam as duas familias. O cunhado a pressionava para que saísem, mas seu salário não dava para limpar os escombros e reconstuir uma nova casa.

Procuramos ver se nossa instituição poderia ajudar, contudo se ajudássemos uma familia então deveríamos ajudar a todas as familias de mais de 600 trabalhadores que já tinhamos à época. A prioridade era os abrigos temporarios e logo depois o surto de cólera. Enquanto esperávamos uma decisão comecei a analizar, e aqui comparto, ainda que brevemente, a história do Haiti buscando nela as razões para sua pobreza endêmica.

A ilha foi descoberta por Cristovão Colombo em 5 de Dezembro de 1492, batizada de La Isla Hispañola, aí viviam milhares de indios Taínos. Cristovam deixou um grupo de colonizadores ai, mas quando regressou em 1493, haviam desaparecido. Outros grupos vieram e pouco a pouco pequenas vilas nasceram embora os Taínos desaparecessem devido possivelmente a doenças europeias.

Em 1606 o rei da Espanha ordenou que os colonizadores se mudassem mais para perto da capital da ilha, Santo Domingo, por medo dos constantes ataque de piratas francêses, os bucaneiros, estabelecidos no norte, na ilha Tortuga. Contudo isso abriu as portas para a invasão de piratas inglêses, holandêses e francêses na costa oeste da ilha.

O Rei Luiz XIV oficializou a colonia da ilha Tortuga e estabeleceu Cap François (hoje Cap Haitian) no oeste da ilha hispañola, chamando-as Saint-Domingue, mais tarde reconhecida pela Espanha no Tratado de Ryswick em 1697. A colonia cresceu e escravos foram trazidos para trabalharem nas plantações de tabaco, índigo, algodão, cacau e mais tarde açucar e café.

A rápida expansão da agricultura fez com que Saint-Domingue fosse conhecida como "a pérola das Antilhas". Nos idos de 1750 ela exportava 40% de todo açucar e 60% de todo café consumido na Europa. Era ela a colonia mais rica de todo o imperio Francês, isso às custas de mais de 500.000 escravos explorados por menos de 32.000 brancos. Os escravos foram trazidos da Guinea, Congo, e Dahomey, o maltrato contudo os uniu na criação de uma nova língua, o crioulo, mantendo a cultura africana e o culto vudú.

A Revolução Francesa de 1789 fez com que a classe dos Mulatos, mestiços livres com certos direitos, buscassem a igualdade de todos, contudo, rejeitados pelo govêrno da ilha e por outros mulatos donos de escravos, foram presos e executados, porém suas ideias permaneceram. Logo depois um sacerdote vudú, Dutty Boukman, iniciou uma revolta matando milhares de brancos e queimando centenas de fazendas no norte. Capturado e morto porém sua ação levou o govêrno a declarar em 1793 o fim da escravidão.

Oponentes à libertação dos escravos pediram ajuda à Inglaterra, esta se preparou para invadir a colonia, contudo sob a liderança de Toussaint Louverture, foram derrotados. Este invadiu Santo Domingo, declarou o fim da escravidão lá e unificou a ilha. Em 1802 Napoleão Bonaparte mandou forças retomarem a ilha, Toussaint foi preso e mandado para França onde morreu de pneumonia no ano seguinte.

Rochambeau, enviado de Napoleão lhe escreve "Devemos restabelecer a escravidão, e destruir, pelo menos, 30 000 negros e negras ". No desespero de dominar a rebelião ele voltou-se a terríveis atos de brutalidade. Eles foram queimados vivos, enforcados, afogados, presos e torturados, enterrados em montes de insetos ou fervidos em caldeirões de melaço. Uma noite, em Port-republicano, ele deu uma festa convidando as senhoras mulatas mais proeminentes e, à meia-noite, anunciou a morte de seus maridos. Depois de uma batalha, Rochambeau enterrou vivo a 500 prisioneiros; Dessalines ,braço direito de Touissant e novo lider da rebelião, respondeu enforcando 500 prisioneiros francêses.

O exército liderado por Jean Jacques Dessalines, venceu Rochembeau e o exército francês na Batalha de Vertieres em 18 de novembro de 1803. Em seguida ele se declarou imperador no dia primeiro de janeiro de 1804 (ambas datas feriado nacional), declarando independência e recuperando o nome taíno de "Haiti" (Terra das Montanhas) para a nova nação. A maioria dos colonos francêses restantes fugiram à frente do exército francês derrotado, muitos migrando para Louisiana ou Cuba. Ao contrário de Toussaint, Dessalines mostrou pouca complacência com os brancos. Em um ato final de vingança mais de 2 000 francêses foram massacrados em Cap-Français, 900 em Port-au-Prince, e 400 em Jérémie. Ele emitiu uma proclamação declarando, "vingamos estes canibais, guerra por guerra, crime por crime..."

Apesar da vitória do Haiti, a França se recusou a reconhecer a soberania do país recém-independente até 1825, e isto em troca de 150 milhões de francos ouro. Esta taxa, exigida como retribuição pela "propriedade perdida", escravos, terra, equipamento, etc, foi posteriormente reduzida para 90 milhões. Haiti concordou em pagar o preço para poder levantar o embargo imposto pela França, Grã-Bretanha e os Estados Unidos, mas para fazê-lo, o govêrno haitiano teve que tomar empréstimos a juros elevados. A dívida se arrastou até ser integralmente paga em 1947.

Com sua agricultura destruida, a nova nação regressou a viver nos moldes tribais da Africa. De 1804, ano de sua independência, até hoje, o Haiti ainda pratica uma agricultura manual, de subsistencia. A pobreza que afeta 90 % da população haitiana, hoje quase 10.000.000 (dez milhões) de habitantes, se deve a falta de lideranças capazes de reverter este quadro endêmico.

Terremoto 7.3, mais de 250.000 mortos

5. REGINALDO, CRIANÇA ESCRAVA

Ele apareceu em nossa cerca de arame farpado nas últimas duas semanas de Julio, vinha quase todos os dias. Nosso amigo Rick viu alguns guardas dando comida para o menino que aparentava cerca de 8 anos de idade. O garoto mal falava e tinha cicatrizes por todo o corpo, os guardas disseram que ele estava trabalhando para uma senhora do bairro. Rick e algumas enfermeiras decidiram visitar a tal senhora e lá descobriram uma outra história, infelizmente tão comum no Haiti, o menino era um restavek.

Seu nome: Reginaldo. Nossas enfermeiras tinham visitado um orfanato perto e tomaram a decisão de livrar esta criança da escravidão dando-lhe uma nova oportunidade de vida. Os guardas disseram a Rick que ele precisava ir ao juiz de paz para que pudesse tornar-se responsável pela criança e assim movê-la para o orfanato. Rick imediatamente angariou algum dinheiro, adiou seu regresso para os "states" para mais um dia e correu para o magistrado. Claro que a senhora que tinha o menino por um bom tempo trabalhando para ela em troca de comida consentiu indo junto com eles. Ela presentiu a oportunidade de fazer um dinheiro extra.

O magistrado tomou conhecimento da história do pequeno menino e imediatamente deu a Rick o status de "pater familia" ou seja os direitos de cuidar e orientar a pobre criança. Eu fiz a tradução do documento para que Rick pudesse explicar à sua família o que ele acabara de fazer. O núcleo do documento entre outras coisas diz: "a senhora (fulana de tal), residente em (nome) é a única parente do menino Reginaldo (de tal,não escrevo o nome todo pois devo proteger sua identidade), de oito anos de idade, ela o encontrou abandonado no mato desde seu nascimento e, desde então, ninguém tem procurado por ele. Agora, ela confia a guarda do menino a Rick (de tal) para mante-lo e educá-lo em regime "pater familias" no Orfanato (nome) localizado na cidade de (nome) parte da Municipalidade (tal)... "

Restavek, que significa ficar com (Francês reste avec), tem sido uma prática centenária no Haiti. Diz-se que as famílias ricas ofereciam uma vida melhor às crianças de famílias pobres que não podiam alimentar e dar educação para tantos filhos. Algumas dessas crianças eram bem tratadas, mas a maioria se tornavam de fato escravos domésticos. Hoje, o uso da palavra restavek está ligado às condições de escravos em que essas crianças vivem. Diz-se que a maioria ficam em casa até em torno de 15 anos de idade, quando de acordo com as leis trabalhistas eles podem ser vistos como trabalhadores domésticos o que exigiria vencimentos e proteção legal ao trabalhador.

Reginaldo foi encontrado no mato, assim declarou a "proprietária", já que ela não tinha nenhuma documentação legal. Eu a chamo de proprietária porque parente não era, e todo o vilarejo onde viviam reconhecia o menino como "pertencente" a ela. O juiz de paz passou os direitos a Rick e proibiu a "dona" de receber qualquer dinheiro. Reginaldo foi levado para o orfanato no mesmo dia. Agora ele tem uma casa com alimentos, outras crianças para brincar e, mais importante, uma escola para ir. Rick voltou para casa mas continua em contato com o orfanato e com o menino para que nada lhe falte.

Meses depois, vi o Reginaldo vindo ao nosso acampamento, desta vez com a Dra. Kara, a líder de nossa equipe médica. É um quadro que eu guardo com carinho nas minhas lembranças, Dra. Kara, Kayo e outros jogando bola com o menino que uma vez foi um restavek. Ele ainda tem dificuldades para falar, eu acredito que os traumas, cicatrizes em todo o corpo e as memórias de uma infancia sombria, vão levar algum tempo para serem curados, mas hoje Reginaldo trilha um novo caminho. "O amor de Cristo nos compele ..." disse o apóstolo Paulo, este foi e é o sentimento que impulsiona tantos atos de amor cristão.

"Porque é que essa gente tira tanta fotografia..."

Nosso acampamento no sopé dos montes

Tap-tap, transporte haitiano legendário

6. CRIOULO, OUTRA LINGUA

Como o português, espanhol, francês, Italiano e romênio (línguas românicas) são línguas neo-latinas, conhecendo uma ajuda a aprender mais rápido as outras. Tinhamos algum conhecimento de francês contudo fora da capital, onde 3 milhões de pessoas lutam para sobreviver, há sete milhões que vivem nos 10 departamentos que formam o Haiti e a maioria deles não falam francês, mas sim crioulo. A maioria dos nossos trabalhadores, mais de 1000, sabem um pouco de francês, mas entre eles só falam crioulo, por isso, para que eu pudesse me comunicar com eles , me propus aprender um pouco da sua língua.

Relembremos que Cristóvão Colombo em 05 dezembro de 1492 descobriu a ilha habitada pela tribo Taíno, um povo aruak, que a chamavam de Ayiti, Bohio, ou Kiskeya. Ele porém a rebatizou de La Isla Española, posteriormente denominada Hispaniola. Em 1697 pelo Tratado de Ryswick, a Espanha cedeu a parte oeste da ilha para a França, eles a chamaram de Saint-Domingue. O cultivo do tabaco, índigo, algodão , cacau, café e açúcar na fértil planície do norte provocou a importação de milhares de escravos Africanos.

Em 1767, Saint-Domingue exportava £ 72.000.000 de açúcar bruto, 51 milhões de quilos de açúcar refinado, um milhão de libras de anil, e

35

dois milhões de quilos de algodão. 40% das importações da Europa vinham do Haiti o que a fez conhecida como a "Pérola das Antilhas" - uma das mais ricas colônias do império francês. Em 1 de janeiro de 1804 Dessalines proclamou sua independência, recuperando o nome Taíno de Haiti "Terra das Montanhas".

O crioulo e o francês são as línguas oficiais do país. O crioulo é baseado principalmente no francês do século 18, com várias outras influências, incluindo um pouco de árabe, africano, assim como espanhol e Taíno - e cada vez mais, Inglês. A estrutura é simples, o verbo não varia, não há conjugação. Não vamos dar um curso de crioulo, mas se você for ao Haiti, ou desejar ler algo ou escutar uma emissora de lá, vamos dar uma breve introdução pelo menos você pode dizer, bom dia, como vai, etc.

Pronomes:

Eu: mwen (pronúncia mú-ẽ)   nós: nou

tu: ou ,   vós: nou (o contexto dirá qundo nou é nós ou vós)

ele, ela: li   eles,elas: yo

Pronúncia. Como em português, exceção de "w" significa u embora raras vezes um "r" suave, e "ou", u.

Como não se conjuga o verbo, vejamos o presente do verbo falar:

mwen pale, ou pale, li pale, nou pale, yo pale. (eu falo, tu falas ...)

Para fazer o tempo passado ajunta-se a particula "te": mwen te pale; eu falei; li te pale: ele ou ela falou etc.

Para o futuro ajunta-se a particula "a": mwen a pale, eu falarei...

Já o condicional pospõe-se o "ta" : mwen ta pale, eu falaria.

Para o presente contínuo pospõe-se o "ap" ou ajunta-se ao pronome. Como a maioria das línguas crioulo, o crioulo haitiano também tenta reduzir palavras: os pronomes são reduzidos a uma letra apenas, para mewn, usa-se a letra "m"; para ou, usa-se a letra "u" ou "w"; para li, o "l"; para nou o "n", e para o yo usas-se a letra "y". Assim: m'ap pale, eu estou falando. W'ap apran, tu estás aprendendo. L'ap manje , ele ou ela está comendo...

Para fazer o possessivo coloca-se o pronome depois do substantivo. Lakay mwen, ou lakay'm : minha casa.

Há muita semelhança com o português na pronúncia anasalada. Como usamos o nho, ã , õ, assim o haitiano tem o an, en , on pronunciados como ã, ẽ, õ etc. Assim Bon jou, coman ou yé? Bom dia, Como vai você? Pronuncía-se bõ jú, cõ-mu-iê?

Um cuidado que se tem de ter é o acento nas letras "e" e "o". O acento grave (`) é aberto. Piè é Pedro, enquanto pie (piê) é com que andamos, nosso pé. Assim: "mo" (mô) é palavra, já "mòn" é monte. Li te di anpil mo nan mòn. Ele disse muitas palavras no monte.

Li se sè mwen. Ela é minha irmã. Li se frè m. Ele é meu irmão. (o verbo ser na maioria das vezes fica subentendido, li frè m , ele (é) meu irmão. A particula pa, significa "não". Pa pi mal (não "estou" muito mal) , mwen p'ap conpram, não estou entendendo.

O artigo definito "a", "an" ou "lan", vai depois da palavra. O plural se faz com "yo". Assim, kay yo, a casa deles, enquanto que kay la yo, as casas.

Coman ou ye? dizemos todas as manhãs. Eles respondem: pa pi mal, não muito ruim (ou seja, tudo bom).

Idiossincrasias, em português dizemos: Como é que você se chama? Ou seja, como é que você chama a si mesmo. Você diz: Eu me chamo.... Em crioulo se diz: Coman yo rele ou ? Qual o teu nome? (literalmente, como é que eles te chamam?) . Resposta, you rele m Félix. Me chamo Felix.

Pequeno teste. Conhecendo os verbos renmen (amar), bay (dar), mete (colocar), pedi (perder), gen (ter). Tente traduzir:

"Paske, Bondye sitèlman renmen lèzòm li bay sèl Pitit li a pou yo. Tout moun ki va mete konfyans yo nan li p'ap pedi lavi yo. Okontrè y'a gen lavi ki p'ap janm fini an."

Na minha primeira viagem ao Haiti havia comprado um pequeno livro, "Learning Criole", dei uma olhada na semana que estive la. Não sabia o quanto me ajudaria dessa vez, pois ai comecei a aprender o básico e lendo o evangelho de João, algumas vezes na presença de algum haitiano amigo, pude aumentar o vocabulário e aprender a pronúncia. Depois de alguns meses comecei a escutar as estações de radio, o que ainda faço para não perder o pouco que aprendi.

O francês é ensinado nas escolas, assim como há também muitos cursinhos de inglês através do país. Uma coisa sobre os haitianos, eles aprendem o que quiserem. Pude ver em nosso acampamento muitas pessoas falarem crioulo, francês, espanhol e inglês. Eles reconhecem a importancia das escolas, eles fazem todo o possível para enviar seus filhos à escola, eles acreditam na educação. Há poucas escolas públicas, o que estimula a criação de escolas privadas em todos os lugares, quase todas as igrejas tem uma escola particular também

Lafiteau, o Silo branco pertence à Usina de Farinha

7. ORGANIZAÇÕES HUMANITÁRIAS

O Jude foi contratado para trabalhar na cozinha, jovem cheio de desejo de aprender, logo aprendeu a rotina de preparar comida ao estilo americano, com excesão do almoço. Fornecíamos almoço aos nacionais uma vez que trabalhavam de 8 às 16:30 ou 17:00 com um intervalo de 30 minutos ou uma hora para almoço. Na hora do almoço tínhamos arroz e feijão ao estilo haitiano. Me senti em casa.

Em seu trabalho o Jude economizava qualquer centavo que ganhasse, em pouco tempo comprou uma moto. Já não tinha que usar o tap-tap para vir trabalhar. Com o aparecimento de tantas ONG's em Haiti, aumentou o numero de motos e motos-taxis. Agora o Jude poderia até ter um trabalho extra, levando gente em sua moto, se o tempo o permitisse. Um dos maiores benefícios das ONGs, entre outros, é o de produzir empregos.

Logo após os primeiros contatos com o Código de Trabalho haitiano e dar os primeiros passos na organização do departamento pessoal, minha proxima etapa foi a de conhecer o trabalhos das ONGs, as

Organizações Não Governamentais. Eu nunca havia trabalhado com uma ONG antes. Li um documentário da CNN com titulo "as armadilhas da ajuda externa", no qual, entre outras coisas dizia, "o grande esforço no Haiti pode acabar prejudicando o país no longo prazo. Tendo em conta que existem cerca de 10.000 ONGs trabalhando no Haiti, e que os Estados Unidos já gastaram US $ 700 milhões em ajuda à nação..." o artigo insinua que as ONGs criam um povo dependente.

Andando pelas ruas de Titanyen se vê tanta pobreza, ainda que a palavra pobreza seja relativa pois depende de salário, casa própria etc. O Banco Mundial define a pobreza extrema como viver com menos de 1 dólar por dia e pobreza moderada como viver com entre 1 e 2 dólares por dia. Estima-se que 1 bilhão e 100 milhões de pessoas a nível mundial tenham níveis de consumo inferiores a 1 dólar por dia e que 2 bilhões e 700 milhões tenham um nível inferior a 2 dólares. Uma garrafa plástica de Coca-Cola custa 25 gourdes, ou seja mais o menos um Real ou 0.60 centavos de dolar americano. O Salário minimo no Haiti é 5 dolares por dia, contudo 70% da população não teem emprego, vivem de "bicos" daí a extrema pobreza.

As crianças correm pelas ruas, a maioria descalças, poucas vestes. Os mais pequenos muitas vezes sem roupa alguma. Os pais, na maioria das vezes apenas a mãe, saem para buscar lenha, se não teem dinheiro para comprar carvão. Fogão a gaz, uma raridade. Geladeira e TV só para os que teem geradores de energia e dinheiro para comprar o combustivel necessario. Em Titanyen a energia é fornecida pela fabrica de farinha que fica em Lafiteau, funciona de 2 a 4 horas por dia.

Qualquer organização humanitária que chegue em Haiti logo vê que as necessidades são enormes. Como ajudar tanta gente em tanta pobreza?. Visitei e preguei em várias igrejas da região. Aos domingos centenas enchem a maioria das igrejas locais. Como as escolas requerem uniforme, um enorme esforço é feito para se comprar sapatos e roupa própria, e roupa para o domingo. Muitas das vezes são as várias missões e organizações humanitárias como clinicas, orfanatos, escolas etc, que dão trabalho.

Jason (Perrieux Dieusson) é um jovem inteligente, sua irmã faleceu no terremoto, ela estava indo à faculdade, seu pai com trabalho braçal a sustentava, foi uma tragédia dolorida, como o foi para milhares de famílias, sua mãe entrou em depressão perguntando como Deus havia permitido tal tragédia. O Jason entendeu a fragilidade da vida, sua fé inabalável o fez mais forte, agora, diz ele, tenho mais razões para ir ao outro lado da vida, minha querida irmã lá me espera. Tanto pai como filho conseguiram trabalho na nossa ONG, ambos como ajudantes de carpinteiro na fabricação dos abrigos provisórios. O jovem me pediu se poderiamos usá-lo como interprete, seu inglês era muito bom, aprendeu na classe do pastor Mark, como é cohecido o meu amigo Paul Ulrick.

O Paul vive em Titanyen, após o termino do segundo grau, começou a dar aulas e algum tempo depois foi contratado por uma ONG que cava poços na localidade, como eles tinham algumas escolas, Paul começou a gerenciá-las, logo comprou um terreno em Titanyen e ai construiu sua casa. Membro da igreja Batista local, bom pregador, foi consagrado ao ministério para ajudar no ministério pastoral, todos sem salários pois os parcos recursos são usados para ajudar as famílias carentes. Paul abriu uma pequena escola onde emprega sua irmã para cuidar e ele dá aulas de inglês, depois que sai do seu emprego. O Jason aprendeu inglês na classe do "pastor Mark".

Logo que pude transferi o Jason para outro departmento, agora como tradutor. Maior salario, claro, mas minha maior alegria era poder ver um jovem esforçado avançando na vida. Logo depois ele me disse que estava tomando aulas de espanhol, era seu desejo conhecer todas línguas posíveis. Ele toca guitarra e teclado em sua igreja. Pena que não lhe deram muitas oportunidades no começo como musicista nos devocionais de nosso acampamento, hoje contudo ele lidera o louvor. Ele, como outros trabalhadores amigos estão em meu facebook. São amigos que temos interesse em acompanhar suas vidas.

Titanyen tem uma feira bem na rodovia 1. Às terça-feiras e sabados centenas de pessoas veem dos sitios afastados para comprarem e venderem de tudo. Bananas, manga, ovelhas e bodes, galinhas, ovos, produtos de higiene etc. Uma vez comprei alguns abacates, normalmente no acampamento havia de tudo, nunca precisamos comprar algo fora, mas senti o desejo de caminhar até a feira, bastava seguir a rodovia e em 15 minutos aí chegavamos. Em alguns aspectos me lembrava algumas pequenas cidades do nordeste brasileiro. No apendice dois escrevo mais sobre as ONG's , um bem ou um mal?

Faculdade de Direito, ficou só a frente.

8. "GUDÚ-GUDÚ" O TERREMOTO

Esse é o nome com que chamam ao terremoto que os atingiu no dia 12 de Janeiro de 2010. Goudou-goudou, escrevem em crioulo, mas se pronuncia gudú-gudú. Me explicaram que esse foi o som que escutaram no dia do terremoto. Se dizemos gudú-gudú vária vezes num rítmo rápido, dará a impressão de um trem passando a boa velocidade sobre seus trilhos.

Assim também descreveu um dos soldados brasileiros que ali se encontrava quando em seu conteiner sentiu como uma onda passasse debaixo de seus pés, logo atirando as coisas de um lado para outro, e as paredes laterais virando teto. Tudo em questão de menos de um minuto. Parecia, conta ele, que alguém tinha atirado uma bomba debaixo da terra onde estavam. O ruído estrondôso do gudú-gudú o fez correr para fora e começar a tirar outros dos escombros.

O terremoto aconteceu às 16:53, hora local, numa terça-feira, hora em que as famílias chegavam do trabalho e alguns preparavam a janta. Uma falha, ou melhor, o encontro das placas tectônicas da america do norte e do caribe passa debaixo de Port-au-Prince. As placas se movem lentamente causando pressão no local de encontro, em algum momento a que está exercendo a pressão desliza sobre a outra placa, criando um abalo sísmico que pode ser medido na escala Richter.

O terremoto aconteceu a 10 kilometros de profundidade, seu epicentro como de 15 a 25 kilometros ao sudoeste, entre Port-au-Prince e Leogane. Contudo o tremor abrangeu uma área de quase 100 kilometros de raio. Estive pregando na igreja de Cabaret, uns 80 kilometros ao norte de PAP, preguei numa tenda improvisada visto que seu templo estava destruído, aí no quintal da igreja haviam como 12 a 15 abrigos cobertos com plastico onde várias famílias da igreja estavam morando. Quando fui a Jacmel, do outro lado da peninsula que desce para o sul dentro mar, atravessando a alta cordilheira que forma o dorso da peninsula, há quase 100 kilometros de PAP, ai também se viam os escombros de vários edifícios.

Após o primeiro choque que chegou a 7.0 na escala Richter, vieram outros menores, cerca de 14 tremores, alguns atingindo 5.9 da mesma escala. Segundo estatísticas mais recentes o número de mortos chega a 316.000. A maior causa de mortes foi por causa da maneira como se constrói casas ou comércio no Haiti. As casa são construídas com blocos de areia e cimento, infelizmente grande parte dessa arreia não é de boa qualidade, meu amigo Paul me disse que existe duas classes de areia para fazer blocos. Em segundo lugar muitos fazedores de bloco usam pouco cimento na mistura, ou fazem as paredes dos blocos bem finas. O Pior ainda é que os tetos são feitos de laje de cimento. A falta de madeira, o país sofre uma deforestação imensa, ainda se usa lenha ou carvão de lenha para se cozinhar, faz com que se prefira ou seja obrigado a usar lajes. Casas de dois ou três andares são verdadeiras arapucas em caso de um tremor de terra.

O terremoto foi devastador, os poucos videos que se encontram na internete mostram as casas caindo como casas feitas de cartas de baralho. Casas de tres andares em segundos viraram escombros com tres lajes uma sobre as outras, como panquecas, diz um autor americano, e as pessoas esmagadas entre as lajes. Infelizmente 22 brasileiros perderam suas vidas ai, entre eles 18 soldados de nosso brioso exército, trabalhando na Missão das Nações Unidas pela Estabilização do Haiti – Minustah. O número de mortos foi tão grande que não havia como as funerárias darem conta, o govêrno ordenou que fossem enterradas em uma enorme vala ao norte de PAP.

Haiti, Um Novo Dia

O Haiti é composto de 143 cidades, desde o extremo norte la Ile de la Tortue, atravessando o canal, chega-se a Port-de-Paix, indo ao leste encontramos Cap-Haïtien, ai descemos pela Route 1, até Gonaïves daí em uma hora de carro chegamos a Saint-Marc, mais uma hora estamos em Arcahaie (foi a primeira capital do Haiti), outra hora e chegamos em Port-au-Price, descendo para o sul vamos até o extremo da peninsula que aí se forma, passando por Leogane, Petit Guave, em seis horas chegamos a Jeremie, agora pela Route 2 reformada com ajuda do exercito brasileiro.

Um pouco menor que o estado do Rio de janeiro, o Haiti tem 27.750 km², dividido em 10 departamentos e 42 arrondissements (especie de municipalidades). O Terremoto afetou a todos, muita gente, milhares, deixaram PAP e cidades adjacentes para irem morarem com parentes ou mesmo amigos que viviam longe da catástrofe. O medo que em qualquer momento outro terremoto poderia acontecer os fêz até evitarem viver dentro das casas. Mesmo em abril quando aí cheguei, 3 meses após o sinistro, ainda tinha gente morando em barracas no quintal de suas casas com medo de um novo tremor de terra.

Sem dúvida as cicatrizes dessa tragédia vão ficar indelével na memória desse povo por muitos anos, é quase impossível encontrar uma família que não perdeu algum familiar ou amigo próximo nesse dia fatídico. Pregando na igreja de Lafiteau pedi que levantassem as mãos as pessoas que haviam perdido alguém no terremoto, todos levantaram suas mãos, quase duzentas pessoas naquele culto de sexta-feira, falei sobre a cura emocional, ao final do culto, toda igreja veio ao altar, muitos chorando pedindo a cura interior.

Em nosso acampamento uma senhora, mãe de um grande jovem amigo, não conseguia "perdoar" a Deus por ter levado a sua filha de apenas 22 anos. Sabemos que não é com duas ou tres palavras que se consola o coração partido de uma mãe que perde um ente querido. Ainda bem que nosso amigo tem uma fé inabalável para compreender sua mãe e ajudá-la a levar a dor até que chegue o momento em que ela aceitará a soberania divina. Muitos ainda perguntam por que Deus permite a morte de tanta gente inocente? Ora Deus criou as leis da natureza e nos deu inteligencia para controlá-las quando podemos ou para conhecé-las e evitar o mal antes que aconteça.

Numa passagem clássica os discípulos dicutiam acerca dos 18 galiléus que morreram quando reparavam a torre chamada Siloé no muro do templo de Salomão reconstruido por Heródes. Como também os 8 homens que Pilatos mandou matar quando estes apresentavam um sacrifício a Deus. _Pensam vocês que estes homens eram mais pecadores para morrerem assim? Perguntou-lhes Jesus, e ele mesmo responde: arrependam-se porque podem morrer de maneira igual. (Lucas 13:1-5) ou seja, estejam preparados porque a morte pode acontecer a quanlquer momento.

A vida no planeta é frágil, vulcões, terremotos, maremotos, deslizamento de terra, inundações, discargas elétricas, meteoros, bactérias, ataque de coração, doenças, causas naturais ou as criadas pelo homem, guerras, plantas nucleares, violência, acidentes automobilísticos e em geral. A vida é frágil e o melhor que fazemos é andar em paz com o Criador e viver de bem com a vida. Os amigos haitianos aprenderam isso e milhares descobriram o caminho para a paz com Deus. Estar preparado é uma sábia decisão.

9. "NÃO VOTAMOS"

A vida no acampamento começou a seguir uma rotina. Eu normalmente ia dormir cedo, às sete ou oito horas já estava roncando. Entre quatro e cinco horas da manhã acordava para ler, para ter um tempo de meditação e fazer uma caminhada. Às 6:30 da manhã o banho, não tinhamos agua quente, no Haiti de abril a novembro não sabemos o que significa frio. Entre 6:30 - 7:30 é o nosso café da manhã, às 7:30 tinhamos o devocional e às 8:00, era a hora de trabalhar. Meu trabalho era receber pedidos para recrutar trabalhadores, entrevistá-los, fazer contratos, manter o banco de dados, instruir folha de pagamento com as deduções legais, férias, licença médica, acidentes de trabalho etc. Às 12:00 tinhamos o almoço e o jantar às 17:30, após o que já estava caindo de sono pelo cansaço mental e o extremo calor. Parte da fadiga era devido ao calor, não tinhamos ar condicionado no lugar de trabalho, os ventiladores serviam apenas para soprar ar quente.

Para quebrar a rotina saia do escritório para caminhar e fazer perguntas para os nossos trabalhadores em suas horas vagas. No começo conversava com os trabalhadores que sabiam um pouco de Inglês, como progredia meu crioulo começei a fazer aos outros a mesma pergunta. Qual é o maior problema do Haiti? Invariavelmente, a resposta era a mesma, o govêrno. Minha próxima pergunta era, o que você está fazendo para ter um melhor govêrno? ficavam surpresos com a pergunta. O que é que você quer dizer quando nos pergunta o que é que podemos fazer? Nós não podemos fazer nada, era a freqüente resposta. Então lhes dizia, vocês podem votar em candidatos que melhorem o país. Eles geralmente respondiam, "não votamos".

No Brasil como professor de Estudos dos Problemas Brasileiros minha primeira aula era determinar qual era o significado da palavra "política". "Polis" em grego significa cidade, "política" para os gregos em suas cidade-estado era o direito e o dever de todo cidadão de participar nas decisões da cidade, na "ekklesia", reunião para votação. Então, eu costumava dizer, se você não participa na eleição de seus representantes para decidir por você o destino de sua cidade (pais), então você é um mau "político". Sendo política a ciência da administração pública, a cidadania é o nosso dever de escolher bons políticos.

Política no Haiti facilmente termina em violência, os haitianos são apaixonados por qualquer discussão. Somos alertados para não irmos a qualquer lugar que tenha uma "demonstração". Lemos a notícia: "A polícia da capital haitiana, Port-au-Prince usou gás lacrimogêneo nesta segunda-feira para dispersar um protesto da oposição, que pedia ao presidente René Préval para se demitir. A manifestação ocorre depois de uma decisão do parlamento de prorrogar o mandato de Préval por três meses. " Um traço particular do caráter do Haiti é a paixão em qualquer discussão, eles se tornam barulhentos e desordeiros facilmente. Vi cinco trabalhadores gesticulando parecendo que eles estavam prontos para iniciar uma briga, cheguei perto para então descobrir que eles estavam apenas discutindo sobre um acidente de que ouviram falar. Paul, meu colega de trabalho disse que no Haiti se você fala baixo é por que você não é uma pessoa caráter forte. Agora, imagine 100 ou 1000 desses "fortes" tendo uma discussão nas ruas.

A história do Haiti é marcada por episódios de violência. Ditadores, golpes de estado, ton ton macoute etc, tudo isso faz parte da sua memória. Se algum deles visitar outro país, mesmo o país vizinho, a República Dominicana ou ler ou ver na TV ou no cinema como vivem as pessoas fora do Haiti, é fácil ficar agitado diante da frustração de não ter os meios para sair da situação em que vivem. As manifestações são perigosas porque toca a alma de um país marcado pela escravidão, engano, promessas vazias e extrema pobreza. Essa é outra razão pela qual muitas pessoas evitam as manifestações e a política.

O povo haitiano é doce, trabalham duro, são amigáveis e acreditam no futuro. Eles acordam todos os dias procurando uma maneira de fazer algum dinheiro em algum lugar, eles sabem que não há comida na mesa, se não encontrarem algo para fazer que podem pagar por suas necessidades. Eles trabalham duro e lutam para enviar seus filhos à escola, eles acreditam que seus filhos merecem uma chance melhor. Há milhares de escolas privadas em todo o país para compensar a falta de escolas públicas. Nesse ambiente, é fácil para algumas pessoas que sairam da pobreza, ou tenham nascido na pequena classe rica, lutarem para manter o que teem. Há algumas poucas famílias que controlam a política e a economia no Haiti.

Olhando para a estrutura sócio-econômica em que os haitianos vivem não conseguimos ver uma saída rápida para sua crise. Aristides e seu partido, o Lavalas, a avalanche, foi uma grande decepção. Mesmo ganhando as eleições em 1990 com mais de 67% dos votos, contudo ele não conseguiu unir o país ou organizar as massas em um verdadeiro movimento democrático que podesse sobreviver os altos e baixos próprio de qualquer partido, coisa normal num sistema democrático. O lema usado por Aristide "Bourik Travay, Chwal galonnen",(pg 57, Teologia e Politica) "O burro faz o trabalho, o cavalo desfruta o lucro", só aumentou o conflito de classes. Ela não ensina a democracia, mas a ditadura do proletariado, a teologia da libertação de base marxista ficou clara no livro "Teologia e Política", escrito por Aristides.

O ponto de virada para o Haiti será quando as pessoas se reunirem em verdadeiras "comunas", pequenas comunidades que procuram defender os interesses do grupo, que buscam soluções para os seus problemas, como por exemplo: educação, paternidade responsavel, planejamento familiar, limpeza, cidadania (onde se ensina as pessoas a olharem para uma liderança real, a respeitarem a posição e o voto dos outros), cuidado com os idosos, proteção especialmente das jovens para evitar a violação, violência e gravidez precoce. Etc.

Agora que não estou no Haiti ainda procuro ajudar uma pequena escola que existe na cidade de Titanyen. O pastor Josué Michel a começou tempos atráz quando ainda a usina de farinha dava empregos à maioria dos moradores daquela vila. Hoje a escola está quase fechando, como os pais não podem pagar e os professores precisam viver não há outra saída senão pedir ajuda externa ou fechar a escola e deixar 12 funcionários sem emprego. Como gostaríamos que a nossa ONG pudesse ter ajudado àquela comunidade fazendo dela um exemplo para as demais, contudo sua politica de ação é outra, assim criamos um web site www.titanyen.blogspot.com e aí os amigos podem enviar doações direto àquela escola. Nos propusemos a ajudar o maior numero de professores possiveis. Trabalho é o que o bom povo Haitiano mais necessita.

Cité Soleil. centenas de barracos de lata e zinco

10. É DOMINGO

Anaíz cantou com a alma, ainda que em outro idioma que não era o seu. É incrível a capacidade dos haitianos para aprenderem o que quiserem aprender. Eu estava em Cabaret na pequena cidade que é o centro do município ou distrito que leva o mesmo nome. O edifício utilizado para as reuniões da igreja também o era para uma escola. Atrás da minha cadeira havia um quadro negro cheio de equações que eu não me lembro de tê-las visto em minha escola. Sim, eles aprendem seja o que for que vem em seu caminho. Anaíz vive em Tabarré (Crioulo Tabá) município-bairro de PAP, uns dez quarteirões de Champ Charles, onde está o contingente brasileiro da Minustah. Ali em contato com trabalhadores haitianos e soldados brasileiros, ela foi pegando frases aqui e ali e em poucos meses ela estava falando em Português, ela se tornou um tradutor para eles, tradutor voluntário devo dizer, ela ainda está terminando o segundo grau, então é em seu tempo livre que ela faz traduções para eles.

Cantar é sua paixão, e que voz bonita ! Todo mundo estava encantado com sua voz, sua juventude e personalidade. O contingente brasileiro havia mudado, eles ficam por 6 meses, em seguida, um novo contingente os substitui, mas Anaíz capturou todos os que estavam saindo e os recém-chegados durante aquele mês de transição. Agora tínhamos um novo casal do Brasil que vieram como voluntários para trabalhar em orfanatos, eles se tornaram amigos com o exército brasileiro e começaram a ajudar o capelão evangélico coronel Walter Melo e, claro, Anaíz estava lá, cantando sua alma em seus cultos, cantando em português.

Fui a um culto no Champ Charles onde o Brabat 1 tem a sua capela. O total do contingente brasileiro é mais de 2000 soldados, em certos dias úteis e todos os sábados e domingos, eles têm cultos e na maioria das vezes se pode ouvir Anaíz louvando e trazendo momentos de gratidão e encorajamento para os soldados. O Pastor Frederico bem como outros haitianos falam Português, em nossas reuniões com amigos brasileiros nos sentimos como se estivessemos no Brasil. Os Missionários Sandro e sua esposa Neide me levaram para a casa deles após o culto, eles vivem em Pétionville, a cidade-vila, parte do Hub PAP, onde estão a maioria das melhores casas do Haiti. A Vila está ligada a Tabaré não muito longe do Champ Charles. Era uma casa acolhedora, com 2 quartos, 2 banheiros, cozinha e sala grande. Os donos moram no andar de cima e eles alugam por um preço módico o andar de baixo. É um beco sem saída com apenas 3 casas, todo mundo conheçe um ao outro e é um lugar muito sossegado.

Aos sábados e domingos, vemos um festival colorido nas ruas em todo o país. Eu estava indo para Jacmel em um domingo, atravessamos Port-au-Prince, Marianne, Carrefour, Léogâne e até mesmo no topo da montanha haviam pequenas igrejas em toda parte. Adultos e crianças, estas vestidas com seus peculiares laços de fita colorida nos cabelos, os adultos com a roupa de domingo e bíblias em suas mãos. É uma procissão de fé, eu diria que 20% a 30% da população vai à igreja no sábado ou domingo.

Eu levei os missionários e a Anaíz para cantar na igreja que eu fui convidado para pregar num domingo em Titanyen. Novamente Anaíz cantou, mesmo sem instrumentos ou playback, e como habitual a congregação se apaixonou por sua personalidade e voz. A parte triste dessa história no entanto, Anaíz vive em uma barraca temporária com a mãe e um irmão. A casa alugada onde viviam foi destruída pelo terremoto, a Unicef concedeu-lhes uma barraca na esquina de uma das ruas de Tabaré. Mais uma vez vi o lado humano do Haiti, mesmo vivendo em tendas pude sentir o senso de comunidade , de cuidado ainda sobrevivente entre seus vizinhos. Quando fomos buscá-la no domingo pela manhã a maioria dos vizinhos que vivem nas casas ao redor vieram para conferir que nossa jovem cantora estava em boas mãos.

No tempo que estive no Haiti nunca vi praias lotadas, parece que o povo Haitiano é mais chegado a um futebol, aliás é sua paixão, do que ir à praia. Certamente a vida difícil de ganhar dinheiro faz o Haitiano pensar duas vezes antes de gastá-lo naquilo que não alimenta. Ainda ví , da estrada, alguns lugares onde haviam shows com artistas etc. Mas muito raros. O que todos curtem é ouvir música pelo radio-celular, aliás parece que tem mais celulares do que gente em Haiti. Podem ficar sem almoço, mas não sem o celular, é uma necessidade.

Há muitas emissoras cristãs transmitindo cultos e programas religiosos, muitas vezes ouvíamos nossos guardas escutando sermões no radio. A religiosidade do Haitiano os fazem enfrentar todo tipo de vicissitude com um bom espirito. Os cultos evangélicos demoram de 2 a 4 horas, eles gostam de cantar. Comprei o hinário "Chants D'esperance" dividido em 9 partes, com 1.384 hinos e canticos ! Todos os dias pela manhã antes dos pacientes serem atendidos na clinica da igreja do pastor Leon, meia-hora antes tem um devocional e é impressionante ver os moradores de Cité Soleil cantando tantos hinos, todos de memória. Sim, domingo é dia de festa, festa espiritual que pode se estender pela semana.

Igreja em Titanyen, gente sentada de fora

1.600 pessoas no culto em uma das igrejas de Cité Soleil

11. UMA NOVA CAPITAL?

Meu amigo Moiz, nosso motorista preferido, teve uma idéia brilhante como resolver os problemas do Haiti. Ele brinca dizendo que se ele fosse presidente ele levarira todos haitianos para um outro país por um tempo e ele destruiria todo o país para reconstruir novos caminhos, novos edifícios, etc, então ele iria trazer todos de volta e os ensinaria como viver neste novo lugar .

Andar a pé ou dirigir nas ruas de Port-au-Prince, nos fazem acreditar que Moiz poderia estar certo. Eu realmente acredito que a criação de uma nova capital seria menos dispendioso do que tentar reedificar a atual. Especialmente se a área escolhida for indo para o norte em direção aTitanyen, essa área é perto do aeroporto e do porto. O govêrno poderia fazer uma cidade planejada, movendo as principais instituições e então vender as terras para os bancos e empresas de tal forma que teria seu dinheiro de volta e uma cidade mais bem organizada, com ruas largas e limpas.

Isso foi o que o Brasil fez anos atrás quando criaram uma nova cidade para ser a capital brasileira. O Presidente Juscelino Kubitschek ordenou a construção de Brasília, cumprindo um artigo da constituição do país que remonta a 1891 declarando que a capital deveria ser transferida do Rio de Janeiro para um local perto do centro do país. O plano foi concebido originalmente em 1827 por José Bonifácio, um conselheiro do Imperador Dom Pedro I. Ele apresentou um plano para a Assembléia Geral para uma nova cidade chamada Brasília, com a idéia da transferência da capital para o oeste do corredor densamente povoadas do sudeste. Brasília foi planejada e desenvolvida em 1956 com Lúcio Costa como o principal planejador urbano e Oscar Niemeyer como arquiteto principal. Em 22 de abril de 1960, tornou-se formalmente a capital nacional do Brasil. Visto de cima, a parte principal da cidade se assemelha a um avião ou uma borboleta.

Além da necessidade de redirecionar o tráfego pelas suas infinitas horas de congestionamentos, gostaria de acrescentar mais duas razões para construir uma nova capital. Primeiro, o custo para reconstruir Port-au-Prince será maior do que para construir uma nova capital. As Nações Unidas estimam que 75 % da cidade atual terá de ser reconstruída. Um ano se passou e as companhias ainda estão trabalhando em retirar detritos e entulhos,Até março 2011 estima-se que apenas 30% foi retirado e nem ainda recomeçaram a reconstrução de casas e negócios através de suas ruas estreitas. A segunda razão, o sismólogo oficial do Haiti Claude Prépetit que previu o terremoto recente, alertou que um terremoto mais forte ainda seguramente abaterá Port-au-Prince dentro dos próximos 20 anos.

Vamos ver o que fará o próximo presidente do pais. A comunidade internacional precisa ver transparencia nos cofres publicos antes de darem qualquer verba de maior impacto. Certamente reconstruir irá requerer milhões de dolares que podem ser facilmente desviados para empreiteiras pertencentes ou contratadas pela elite do pais. A transparencia e o bom planejamento terão a participação da comunidade internacional e certamente colocará o pais em direção ao desenvolvimento econômico.

12. MÉDICOS E A CÓLERA

Mary Ann veio do Canadá para ficar duas semanas no Haiti. Como outros médicos e enfermeiras ela pagou sua própria passagem. Ela poderia usar o seu tempo de folga do trabalho para ir a qualquer lugar do mundo e ter um merecido descanso, mas ela escolheu trabalhar e trabalhar duro durante 2 semanas inteiras no Haiti. Ela veio duas vezes durante a minha estada lá. Trabalhava oito horas por dia e à noite eles preparavam os materiais e medicamentos para o dia seguinte. Fiquei impressionado com o amor abnegado que as equipes mostram para com os necessitados.

Fui contratado para contratar pessoas, como Coordenador de Recursos Humanos para os nacionais, o meu trabalho foi o de recrutar, estabelecer salários, observar os aspectos legais dos contratos, representar a entidade na justiça, etc eu pensei que eu iria fazer o meu trabalho como os médicos e enfermeiros, mãos na massa. Ao ser contratado pensei como poderia efetivamente ajudar a comunidade em que eu estava servindo. Como ministro evangélico e interessado na "engenharia social" sempre estava tentando descobrir as causas dos problemas estruturais do Haiti e como corrigi-los.

No quarto mês de trabalho o departamento caminhava bem, eu tinha mais tempo para aprender o novo idioma, ler a Bíblia na nova língua e livros de autores haitianos como Mirlande Manigat, Avril Prosper,

Aristide, o código de trânsito, etc, até que chegou a cólera. Aí tudo mudou, a epidemia iria requerer centenas de novos empregados, uma vez que as condições do pais era propícia para o alastramento da bacteria debido às condições higiênicas presentes.

Dois Centro de Tratamento da Cólera foram abertos e contratamos mais de 400 novos trabalhadores elevando o numero total para mais de 1000 contratados. Tinhamos tradutores, motoristas, pessoas de cozinha, carpinteiros, e agora medicos, enfermeiras, pessoal para limpeza de leitos, capelões etc, tudo para dar suporte aos diversos programas da organização, mas principalmente para apoiar os nossos médicos e enfermeiros expats voluntários. Tínhamos equipes provenientes de Inglaterra, Canadá, EUA, Equador e muitos outros países.

Um médico me impressionou quando em nosso devocional de manhã ele nos contou como ele saiu da depressão para ter uma nova vida como voluntário. Ele havia se aposentado quando sua esposa faleceu alguns anos atrás, ele ficou em casa sozinho, não queria contato com ninguém, entrou em depressão. Um dia um de seus ex-colegas o convidou para ir a uma viagem de missão médica. Ele foi mais por curiosidade contudo ficou impressionado com o amor abnegado que eles mostravam em seu trabalho. Eles eram médicos cristãos em uma missão, seu amor e apoio levou-o a Cristo, ele decidiu segui-lo e comprometer a sua vida a fazer também trabalhos voluntários em todo o mundo em nome de Jesus.

Eu ia às clínicas quase diariamente, os novos contratados assinavam contratos no local de trabalho. Guardo a imagem de médicos e enfermeiras orando lado a lado com seus pacientes ou familiares. A pedido da diretora da equipe médica de nossa organização contratei 18 capelães e depois de serem treinados por capelães expats, iniciaram o trabalho de consolar membros da família, trazer uma mensagem reanimadora para os pacientes e funcionários quando a hora era apropriada. Não raro ouviamos um paciente na sala de espera começar a cantar um hino e de repente outros seguiam a meia-voz, parecia que estávamos em um culto em uma igreja.

A Clinica para Tratamento de Cólera em Cité Soleil foi algo inusitado. Desde o aparecimento da cólera em Latibonite, 30 minutos ao norte de nosso acampamento, esperava-se que ela se alastraría por todo o país como fogo em grama seca. Não se sabe ao certo como apareceu. Um locutor na radio leu que a bactéria da cólera encontrada no Haiti era semelhante a das encontradas na Ásia, o que levou muita gente a conjeturar que soldados do Nepal teríam trazido a bactéria ao país.

Houve demonstrações em frente às forças de paz vindas do Nepal. Como eles tinham uma base nas nascentes que veem formar rios que correm por Latibonite, cresceu a desconfiança. A ONU mandou estudiosos do assunto para "desconfirmarem" as noticias. O certo porém é que a bactéria se alastra facilmente. Assim o medo que tiveramos um surto extraordinário principalmente se a epidemia alcançasse Cité Soleil era grande. Já vimos que as condições higiênicas nas cidades e aldeias do Haiti não são boas. As poucas casas com latrinas fazem com que muitos façam suas necessidades nas moitas ou mesmo atirem dejetos nos rios e córregos. Crianças brincam por toda parte com os pês descalços. Cozinha-se, lavam e se banham com as aguas dos rios e córregos jacentes. A porta estava aberta para milhares de mortes.

A cólera não mata por sí, mas o corpo humano não tolera mais que certo nível de bactéria. Assim que quando o corpo recebe um número de bactérias acima do seu limite, ele começa a tentar expulsar a bactéria como pode, principalmente através do vômito e diarreia. Se não se repõe rapidamente a agua expelida pelo corpo então a pessoa pode morrer de desidratação. Infelizmente as pessoas que viviam nos campos não chegavam à tempo às clinicas, ou chegavam tão desidratadas que o corpo não recebia mais o soro e assim vinham a falecer, principalmente crianças e pessoas de idade. Mais de 4.000 pessoas morreram, mas graça a intensa campanha com folhetos e carros propaganda, ensinando o povo a lavar as mãos a todo instante, a ferver a agua antes de usa-la, a cobrir os dejetos fecais, a correr para clinica nos primeiros sintomas, tudo isso conteve o surto que não atingiu as proporções eperadas.

Um fator agravante foram as eleições de 28 de novembro de 2010. 19 candidatos concorriam à presidencia, logo no domingo de votação, cerca das 2 da tarde um grupo de 12 presidenciáveis se reuniram em um hotel em Petionville para pedirem a anulação das eleições devido aos fragrantes atos de fraude nas urnas. Em Cité Soleil um eleitor entrou para votar e saiu correndo com a urna nas costas...em outros lugares quando abriram o lugar de votação constataram que já haviam votos na urna, em um lugar, mais de 100. O povo se alvoroçou, mas o govêrno garantiu que os poucos lugares onde se encontraram as fraudes não alteraria o resultado das eleições.

Os resultados foram anunciados com Manigat em primeiro lugar 31% dos votos, Jude Celestin em segundo com 22% e "Sweet Mickey", o cantor Michel Martelly em terceiro com 21%. Como ninguém conseguiu mais de 50% dos votos no primeiro turno, Manigat e Jude deveriam ir ao segundo turno. Os simpatizantes de Mickey não concordaram, aí haja manifestações por todo lado, pneus queimando nas ruas, buracos feito no asfalto para ninguém passar, tiros e mortes. E nossos heroicos médicos e enfermeiros / enfermeiras a cuidarem dos pacientes com cólera.

Tinhamos uma clinica em Bercey, tinhamos que atravessar Cabaret, e uma dessas tardes havia uma "demonstração" lá. Estavamos levando os médicos em "comboios" com nossos seguranças. Fomos pegos no meio da demonstração, não podíamos voltar, assim o comboio prosseguiu, quando perguntados porque estavam passando pela cidade, nossos funcionários haitianos começaram a gesticular _ Estamos levando pacientes com cólera, gritaram. Nos deixaram passar. Aprendemos a lição, com permissão da Cruz Vermelha começamos a usar cruzes nas portas dos carros. Uma vez fecharam completamente a rota 9 para Cité Soleil, tivemos que encontrar outro caminho, mas sempre sentíamos a pressão pela desordem política. Mais tarde a OEA determinou que houve muitas fraudes quando ao candidato do governo Jude Celestin, este desistiu de concorrer ao segundo turno. Cuidar de cólera no meio do cáos politico certamente não foi uma boa experiência. Ainda bem que o surto não foi tão grande quanto se esperava.

13. BRASILEIROS EM HAITI

A Minustah - um acrônimo tirado do francês: Mission des Nations Unies pour la Stabilisation en Haiti, é uma missão de paz das Nações Unidas no Haiti, em operação desde 2004. O componente militar da missão é liderado pelo Exército Brasileiro. O mandato da MINUSTAH foi recentemente prorrogado pelo Conselho de Segurança das Nações Unidas até 15 outubro de 2011 com a intenção de renovação.

Como disse antes, perguntando aos meus amigos quem foi o melhor presidente do Haiti nas décadas precedentes, as opiniões se dividiam entre Aristides e Dr. Duvalier. As pessoas tendem a ter memória curta, especialmente quando os velhos tempos parecem ser melhor que o presente. Nos últimos 100 anos o Haiti teve uma transição de govêrno democrático apenas duas vezes. Sua história é marcada por golpes, ditaduras e a intervenção estrangeira. Em 1915, por exemplo, o presidente Vilbrun estabeleceu uma ditadura, mas diante de uma nova revolta, ele massacrou 167 presos políticos, todos eles de famílias da elite, mas logo foi linchado por uma multidão em Port-au-Prince.

Em vista da revolta, nesse mesmo ano de 1915, os Estados Unidos ocuparam o país. Sob a supervisão da marinha, a Assembléia Nacional do Haiti elegeu Philippe S. Dartiguenave como presidente, que assinou um tratado que fez do Haiti um protetorado de jure dos

EUA, com as autoridades americanas assumindo o controle sobre a Consultoria Financeira, Alfândega judicial, a Polícia, o Serviço de Obras Públicas, e o Serviço de Saúde Pública por um período de 10 anos. Em 1917 a Assembléia Nacional foi dissolvida e funcionários foram designados para escrever uma nova constituição, que foi largamente ditada por funcionários do Departamento de Estado e o Departamento de Marinha dos EUA. Franklin D Roosevelt, subsecretário da Marinha no govêrno Wilson afirmou ter pessoalmente escrito a nova Constituição.

Stenio Vicent venceu as eleições democráticas em 1930. Em 1946, uma junta militar, depois de um golpe de Estado, entregou o poder a Dumarsais Estimé. Em 1949, Lescot tentou mudar a Constituição para permitir sua própria reeleição, em 1950, esta medida desencadeou outro golpe. General Paul Magloire govêrnou o país até dezembro de 1956, quando foi forçado a demitir-se por uma greve geral. Após um período de desordem, novas eleições foram realizadas em setembro de 1957 quando o Dr. François Duvalier as ganhou.

De 1957 - 1971 Dr. Duvalier "Papa Doc" se tornou uma lenda. Como advogado ele implementou as leis, combateu a corrupção e procurou embelezar o país para atrair o turismo. Vi as casas construídas por ele em Lafiteau. Contudo, ao mesmo tempo a sua guarda pessoal paramilitar conhecida como Tonton Macoute (tio com uma bolsa chamada "Macoute"), nome tirado do conto de fadas voodoo de um homem que vem de noite e leva as crianças em sua bolsa. Diz-se que mais de 30.000 pessoas foram mortas em seu govêrno.

Com a morte de Duvalier em abril de 1971, seu filho de 19 anos de idade Jean-Claude Duvalier ("Baby Doc") assumiu o poder. As condições econômicas continuaram a declinar, embora os Estados Unidos restabelecesse seu programa de ajuda em 1971. A riqueza dos Duvalier veio do monopólio do tabaco estabelecido pelo fornecimento de fundos sem folhas de balanço. Seu casamento, em 1980, em uma cerimônia que custou mais de $3 milhões de dolares, provocou a oposição generalizada da população. A irresponsabilidade de Baby Doc deixou o regime vulnerável a crises exacerbadas pela pobreza endémica daquela nação. Em fevereiro de 1986, após meses de desordem, o exército forçou Duvalier a se demitir e ir para o exílio.

Em 1990 Aristide ganhou as eleições com 67% de votos, mas logo as controvérsias do seu govêrno levaram a outro golpe militar em Setembro 1991. Os Militares permaneceram no controle até 1994, tendo duas eleições e dois golpes. Em Setembro de 1994, as tropas dos EUA se preparavam para entrar no Haiti para restaurar o funcionamento da democracia, obrigando a junta militar a deixar o país e trazendo de volta Jean-Bertrand Aristide, que havia sido eleito em Dezembro de 1990 e militarmente expulso nove meses depois. De 1994 a 1996 Aristide terminou seu mandato e uma nova eleição vencida por seu partido Lavalas (Torrente-avalanche) colocou René Preval como presidente. De 2000 a 2004 Aristide foi presidente novamente. Para entender o fenômeno Aristide é preciso ler a sua biografia. Ex-padre católico da ordem salesiana educado na teologia de libertação, seus pontos de vista estão próximos ao marxismo. A luta de classe e o uso da religião como instrumento de transformações politico-sociais formam sua visão de mundo.

Aristide com seus discursos populistas ganhou a maioria dos pobres do país, mas a realidade do poder e a oposição da elite logo mudou seu discurso. Em 2003, ele aprovou o vudu como religião reconhecida oficialmente no Haiti. Ele foi acusado de tráfico de drogas em seu govêrno. A polícia canadense prendeu Oriel Jean, chefe de segurança de Aristide e um de seus amigos mais confiáveis, por lavagem de dinheiro. Os protestos anti-Aristide em janeiro de 2004 levaram a violentos confrontos em Port-au-Prince, causando várias mortes. Em 29 de fevereiro de 2004, com contingentes rebeldes marchando em direção a Port-au-Prince, Aristide foi levado ao exilio por forças americanas. O presidente da Suprema Corte, Boniface Alexandre, na qualidade de presidente, pediu ao Conselho de Segurança das Nações Unidas para a intervenção de uma força internacional de paz. Ai começou a Minustah.

Para alguns haitianos a presença da ONU Minustah é uma negação de sua soberania, eles se sentem como prisioneiros em seu próprio país. Os milhões de dólares gastos pela ONU para manter o corpo de paz (boinas azúis) poderiam ser utilizados na reestruturação do país, dizem. O que eu vi nas ruas era uma mistura de sentimentos. Andando em Cité Soleil, onde tinhamos uma clínica nos edifícios da igreja do pastor Leon, sentimos a confiança do povo nas unidades do corpo de paz das Nações Unidas, especialmente a base brasileira ao lado do comissariado de polícia.

No passado as condições eram mais difíceis, em janeiro de 2006, dois soldados jordanianos foram mortos o que levou um grupo fortemente armado da Polícia Nacional do Haiti a entrar Cité Soleil pela primeira vez em três anos e foram capazes de permanecer uma hora ali enquanto tropas em carros blindados patrulhavam a área. Uma vez que este é o lugar onde os bandos armados tomam suas vítimas de sequestro, a capacidade da polícia para penetrar na área, mesmo por tão pouco tempo foi visto como um sinal de progresso. Mas agora no final de 2010, Cité Soleil mudou, dezenas de bandidos foram presos, expulsos ou convertidos. Eu entrei pelas ruas e encontrei cerca de 10 igrejas, contratei pastores da área para dar aconselhamento, apoio e informações de higiene dentro e fora do Centro de Tratamento da Cólera naquela área.

Tivemos uma reunião com o chefe atual da Organização das Nações Unidas da Missão de Estabilização no Haiti brigadeiro-general Luiz Guilherme Paul Cruz, ele é do Nordeste do Brasil, mesmo estado onde eu cresci. Foi um encontro agradável. Seu desejo é fazer parte da reconstrução do país. Ao mesmo tempo que mantêm a paz, eles distribuem alimentos e abrigos provisórios, ajudam na reconstrução de casas, orfanatos etc. Temos um casal de missionários do Brasil que vai com o exército para certos lugares para cantar, brincar e educar as crianças. Nessa reunião o brigadeiro desafiou os líderes religiosos a serem criativos na forma como os haitianos podem ajudar os haitianos.

Foi no Champ Charles, em Tabarre, onde está o novo prédio da embaixada americana, que eu conheci Anaíz, Sandro e a esposa Neide, Luana e assim muitos brasileiros e amigos haitianos de fala portuguesa. A Luana é uma enfermeira voluntária e professora de Português, a sua classe tem mais de 20 alunos. O Pastor Frederico é um haitiano que foi estudar no Brasil por um ano. Sua igreja canta em

Crioulo, Francês, Inglês e Português. A Igreja do Evangelho Quadrangular em Champ Charles é muito vibrante. Andando nessa área me sentia em casa, doces lembranças. O jovem casal Sandro e Neide, os missionários voluntários do Brasil, vivem em uma casa alugada poucos minutos de Tabaré na divisa com Petionville, a vila-cidade rica do país. Eles tomam tap-tap, vão para a Cité Soleil, andam por todo lado em Port-au-Prince. Ninguém os incomoda. Infelizmente a mídia apenas relata as coisas ruins. Mas as coisas ruins acontecem em toda parte. Certa vez eu estava procurando um endereço no centro da cidade e pedi informações a 3 ou 4 pessoas, todas elas me trataram educadamente, foram mais educados do que em muitas cidades que tenho visitado.

O carinho dos haitianos para com os brasileiros é proverbial, "moun se moun" (gente é gente) dizem em crioulo, todo mundo é igual. Já disse sobre a paixão pelo futebol. Duas bandeiras se destacam nas ruas do Haiti, Brasil e Argentina. 2 de julho de 2010 foi um dia triste no Haiti, o Brasil perde para a Holanda e é eliminado da copa do mundo. Segundo meu amigo Paul mais de 5 pessoas se suicidaram, alguns pelas imensas apostas que fizeram. Mas se via a tristeza pelas ruas. O que recibi de "pesames" pela irreparável perda...Há um imenso desejo do Haiti de seguir os passos da história do Brasil, com esfôrço e trabalho, sair da pobreza, melhorar suas condições de vida.

Março 2011 e ainda 70% dos escombros à remover.

No quartel após culto. Entre soldados e amigos.

14. HAITI, UM NOVO DIA

Como alguém poderia ter uma "solução" para um país inteiro? O que funciona em um lugar pode não funcionar em outro lugar ou em outro momento. Para a devastação da floresta uma organização iniciou um programa em dois locais diferentes no Haiti. 5 anos depois um lugar foi reflorestado e o outro foi abandonado e as árvores morreram. Mesmo método, mesmo esforço, contudo em um lugar as pessoas tomaram posse do programa, sentiram-se "donos".

Creio que há princípios que podem melhorar a vida das pessoas em um não muito longo prazo, estruturas podem mudar para melhor. Porém uma vez mais, depende de apropriar-se da idéia, ou seja, as pessoas entendem o conceito, o abraçam e o aplicam como se fosse sua própria idéia.

Podemos começar pequenas comunidades e ensiná-los ou podemos ensinar as comunidades já existentes. No Haiti, acredita-se que há mais de 10.000 igrejas de todos os tamanhos e doutrinas no amplo espectro da fé cristã. Alguns de seus líderes teem muita boa vontade e se unem em cruzadas e programas que melhoram a vida das pessoas.

Vemos na história que foram os princípios cristãos que fizeram dos Estados Unidos a superpotência que tem sido por séculos. Homens tementes a Deus prepararam sua constituição, "In God We Trust" , em Deus confiamos, foi um dos seus princípios. Democracia, igualdade, liberdade e supremacia da lei, marcaram este país. Mesmo quando utilizando a sua liberdade o oeste selvagem se tornou mais selvagem ainda, foram os líderes religiosos que levaram o país de volta às suas origens através dos grandes avivamentos (Great Awakening).

Grandes empresas ajudaram as igrejas no seu trabalho missionário em outros países, porque eles acreditavam em um bem maior, maior do que os ganhos econômicos. Olhando as igreja e congregações em todos os países podemos ver a vida social, a transformação que nelas se operam, pessoas que antes viviam por viver, tornaram-se diferentes, mais prósperas em todos os sentidos. Os ensinamentos de Jesus Cristo tem um profundo impacto sobre as pessoas que acreditam nEle. É esse impacto que tem mudado o comportamento de pessoas, de famílias, de aldeias, cidades e até nações inteiras.

Hoje, algumas empresas preferem patrocinar o trabalho humanitário para efeitos fiscais ou por crenças pessoais. Mas quando você contribue apenas pela finalidade de contribuir sem tentar ensinar valores, você poderá ver alguma melhora temporária, mas que não atinge toda a personalidade. Apesar do amplo espectro doutrinário das igrejas cristãs, o cristianismo tem um grande impacto na personalidade total, principalmente porque a partir das páginas da Bíblia torna-se viva a pessoa de Cristo para quem nele crê. Ele se torna seu mestre, seu líder, seu Salvador e Senhor, mesmo se alguma igreja não o ensine tão claramente.

Quando o apóstolo Paulo estava na prisão, algumas pessoas começaram a pregar uma doutrina legalista dizendo que se deve obedecer aos costumes judeus, a fim de seguir a Cristo, em oposição ao evangelho da graça que Paulo ensinava. Eles pensavam que fariam Paulo sofrer ainda mais, porque eles estavam livres para pregar e ele,

Paulo, com sua "boa doutrina", estava na prisão. Mas Paulo disse. "É verdade que alguns pregam por inveja e rivalidade. Mas outros pregam sobre Cristo com motivos puros. Eles pregam porque me amam, porque sabem que tenho sido nomeado para defender as Boas Novas. Os outros não têm motivos puros como eles pregam sobre Cristo. Eles pregam com ambição egoísta, sem sinceridade, com a intenção de fazer as minhas cadeias mais dolorosas para mim. Mas isso não importa se seus motivos são falsos ou verdadeiros, a mensagem de Cristo está sendo pregado em alguma forma, assim que eu me alegro. " Filipenses 1:15-19 NLT

Eu entendo o papel humanitário das Organizações Não-Governamentais no Haiti, ou em qualquer outro país. Eles têm o seu lugar, eles podem dar comida e abrigo temporário por um tempo. Eles podem fazer compromissos de longo prazo e auxiliar as escolas e orfanatos, ou na criação de granjas e outros projetos auto-sustentados. Elas darão emprego para estrangeiros e nacionais, como organização humanitária elas podem fazer um grande trabalho, se respeitar a cultura e melhorar os valores. Mas, como cristão, eu acredito que sem valores espirituais, seus projetos irão atingir uma parte do ser humano, mas não sua totalidade. Veja o que o comunismo fez para o mundo.

Acredito que Karl Max tinha boas intenções em dividir a riqueza entre o grupo. Algumas pessoas acreditam que foi a mesma idéia que a igreja cristã tinha no seu início, lemos: "E todos os crentes se reuniam em um único local e compartilhavam tudo o que tinham. Eles vendiam suas propriedades e bens e dividiam o dinheiro com os necessitados. " Atos 2:44-45. A maior diferença contudo está na motivação. Na comunidade cristã, foi o amor a Cristo e, em conseqüência o amor um pelo outro que os fez dividir o que tinham. Foi o valor espiritual que os manteve juntos e os motivou a partilhar as suas posses.

Algumas ONG's estão fazendo o mesmo erro, tentando melhorar a vida, as estruturas, sem mudar os corações. Acredito que para ajudar o Haiti, neste momento de profunda crise socio-econômica, podemos ajudar as igrejas estabelecidas que mostram comprovadamente o impacto sócio-espiritual em suas comunidades ou podemos ajudar organizações missionárias com o mesmo impacto.

Duas igrejas e uma organização missionária excepcional vêm à minha mente. A Igreja Cristã em Cité Soleil tem mais de 1.600 membros, têm escola desde o ensino básico ao secundário, tem escola de liderança e sua própria clínica e, ainda assim eles permitem que outra organização utilize as suas instalações para servir com outra clínica. Eles estão na cidade mais pobre do Haiti. Através dessa igreja ex-bandidos mudaram sua maneira de viver. Centenas de crianças vão à escola, as clínicas são gratuitas, as pessoas pagam somente os medicamentos quando a igreja não consegue adiquiri-los gratuitamente. Eles teem concertos para jovens, grupos musicais, etc. Pastor Leon se tornou um amigo, levamos o grupo musical evangélico do Exército Brasileiro para cantar na igreja, o grupo cantou "Entra na minha casa", a igreja vibrou, foi verdadeiro céus na terra.

Por 28 anos o pastor Leon vem conduzindo essa igreja, a sua integridade e influência é bem conhecida. Imagine se pudéssemos duplicar esse trabalho em outras igrejas da mesma cidade? Eu tive o privilégio de contratar mais de uma centena dos seus membros para trabalharem em nosso Centro de Tratamento de Cólera, eu fui de rua em rua para encontrar outras pequenas igrejas e entrei em contato com seus líderes. Que privilégio se pudéssemos treiná-los e duplicar os metodos que o pastor Leon está usando em sua igreja. Capacitar igrejas locais deveria ser a meta das organizações cristãs naquele país..

O Pastor Kelli da igreja Batista em Titanyen é outro exemplo. Eu não o encontrei pesoalmente, mas a liderança da igreja , mais de 800 membros, me convidou para pregar duas vezes. Eles têm uma escola e programas para ajudar as pessoas necessitadas entre eles. Ele tem outras 14 igrejas da região com o mesmo ensinamento. Trabalhar em conjunto, depender de Deus, não depender de fora, são princípios ensinados nessa igreja. É um prazer participar de seus cultos, cheios de vida e alegria. O Pastor Kelli traduziu livros para ensinar suas congregações a viver bem, a viver a abundante vida que Cristo nos ensina em Sua Palavra. Nada da pregação que ouvi em algumas igrejas e na rádio: "nou viv nan mizè, nou pa gen anyen", vivemos na miséria, não temos nada.

Sobre as organizações, tive o privilégio de visitar a Missão Batista Conservadora do Haiti. Eles estão no país há mais de 60 anos. Fundaram mais de 450 igrejas, quase todas com escolas. A escola que eu vi em Fermat onde têm o seu quartel-general era como uma escola americana. Têm escolas profissionais e vendem seus produtos em sua missão. Toda a equipe é composta por haitianos com exceção de alguns expats que dão relatório para sua base nos EUA. Sua transparência e trabalho podem ser apreciados em www.bhm.org

Certamente, existem centenas de outras igrejas e organizações que seguem os mesmos princípios. Melhor é dar a vara para pescar do que dar o peixe pronto. Ensine os valores cristãos que mudam o coração e mostram o caminho para uma vida melhor. Eu acredito que quando as organizações ensinam a melhorar suas vidas e o valor de uma boa cidadania, então eles podem começar a escolher melhores líderes para o país. Um congresso que pode melhorar as leis e sua aplicação. Melhor controle da corrupção em todos os níveis. Eles podem escolher um govêrno que abra o país para investimentos estrangeiros, mas acima de tudo protegendo os interesses do povo haitiano. Tudo começa com a compreensão e aplicação de valores e princípios vitais ao desenvolvimento de uma sociedade justa, democrática e progressista. Embora faça parte da idiossincrasia humana, que nem todos irão aceitar esses valores ou ainda menos viver por eles, mas quando a maioria de um país tem uma clara compreensão do poder de mudar seu destino então coisas começam a acontecer.

Eu acredito com todo meu coração que a grande maioria do povo haitiano quer viver uma vida pacífica, cuidando de suas famílias, tendo oportunidade para seus filhos, tendo a esperança que o futuro pode ser mais brilhante que o presente. Qualquer ajuda de fora deve ser feita em par com pessoas que amam o seu país, deve começar de onde elas estão, como elas vêem a si mesmas, seus pontos fortes e fracos, até que elas possam adquirir a titularidade de seu próprio desenvolvimento.

Apendice 1:

LEIS TRABALHISTAS DO HAITI

Com a ajuda de Sílvia e nosso advogado trabalhista do Haiti descobri que nos 3 primeiros meses o trabalhador é considerado como autônomo contratado em base experimental. Antes que eles completem 3 meses, precisamos decidir si queremos contratá-los como funcionários ou não. Si, após os 3 meses, os contratamos como empregados então a legislação trabalhista obriga-nos a pagar a metade do seu plano de aposentadoria, 6% no nosso lado e 6% que devemos descontar dos seus vencimentos. Assim, o ONA (Office Nationale d'Assurance Vieillesse) leva 12% dos salários. Se alguem trabalhar 25 anos e pagar pelo menos 15 anos de ONA, poderá receber as suas pensões após completar 55 anos de vida, que será a média dos últimos três anos de trabalho. A lei também exige seguro de acidentes e de maternidade (OFATMA, Office Nationale d'Assurance Maladie et du Travail) neste caso pagos exclusivamente pelo empregador de 2% - 6%, dependendo da classe de trabalho. Como organização sem fins lucrativos, as ONG's pagam 2% dos salários de seus empregados.

O salário mínimo hoje é de 200 gourdes por dia (US $ 5,00 dólares ao dia). Muitas ONG's pagam acima do minimo porque os haitianos precisam de empregos que podem ajudá-los a sustentar suas famílias. Após o terremoto milhares perderam seus empregos porque lojas, empresas, escolas, etc. foram fechadas. Milhares perderam suas casas e foram morar com parentes. Muitos estavam vivendo com primos, parentes de longe ou amigos. É muito comum ter uma pessoa só trabalhando e sustentando todos famíliares.

Fui ao tribunal quatro vezes durante meus 8 meses lá, um caso particular foi o de algumas pessoas que haviam trabalhado na distribuição de alimentos, um ou dois dias por semana. Normalmente empregamos de 40 a 60 trabalhadores ocasionais, dependendo da quantidade de caminhões, para armazenar as caixas e sacos de víveres no armazem que alugamos. Passados três meses, 7 desses trabalhadores nos levaram ao tribunal, porque os tínhamos dispensado enquanto aguardavamos novo carregamento, mas porque eles haviam trabalhado mais de três meses nos exigiam todos os "pagamentos legais", ou seja, 15 dias de aviso prévio por rescisão de contrato, férias, Boni (13 ° salário), etc O inspector do Tribunal de Assuntos Sociais e Trabalho de PAP, depois de ouvi-los e a uma de nossas testemunhas, ficou furioso. Pensei que eu tivesse que explicar que, porque esses trabalhadores eram sazonais não se enquadravam na categoria de temporários, de acordo com a lei. Mas o juiz nem me deixou explicar, ele apenas lhes disse: Como é que uma ONG vem para ajudar o Haiti, para dar comida para o nosso povo, e vocês que deveriam ser gratos em poder ajudá-los a nos ajudar, vocês vem aqui para pedir mais dinheiro? O inspector não aceitou a demanda e os pôs para fora do tribunal. Senti que há pessoas aqui com um senso de justiça. Contudo, na minha última audiência não tive tanta "sorte".

Tinhamos duas bases em Haiti, uma em Titanyen e outra perto de Leogane, eu já tinha ido a um Juiz de Paz em Leogane, a um inspetor de trabalho em Petit Guave e agora estava indo ao Tibunal de Assuntos Sociais e Trabalho de Petit Guave. Desta vez um dos nossos PM (Program Manager, ou supervisor departamental) havia despedido um empregado do seu setor. Ele havia trabalhado os 3 meses como autônomo e agora estava com um contrato de seis meses, dos quais já havia cumprido dois meses de trabalho. Preparamos sua folha de pagamento pagando o aviso prévio, férias e uma semana para cada mês que faltava para completar seus 6 meses de acordo com nosso contrato. Ele não concordou e nos levou ao tribunal.

Senti que os inspetores de trabalho que funcionam como juizes estavam a favor do empregado. Depois de uma breve discussão disse-lhes que traria meu advogado, uma nova audiência foi marcada daí a uma semana, o rito é sumário por isso os prazos tão curtos. Mandei um e-mail ao nosso advogado, ele é um dos melhores do Haiti, foi ministro da justiça por um tempo e agora dedica seu escritório a trabalhar com ONG's e a auxiliar o ministério da justiça além de ser professor em várias escolas de direito. Claro que ele não tem tempo de ir a audiências conciliatórias, assim pedi um e-mail em francês instruindo os inspetores dizendo que estavamos cumprindo a lei, e que nosso contrato oferecia uma semana de salário pelos meses que faltassem para completar o tempo do contrato.

O sistema de e-mail da ONG travou nos últimos dois dias, nosso tecnico não conseguia acessar o sistema, conclusão o e-mail chegou depois da audiência. Fizemos acôrdo, paguei os 4 meses que não devíamos, isso porque sairía mais barato pagar a diferença do que ir à segunda instância. É dificil saber para que lado os "juizes" podem ir especialmente quando as ONG's podem ser vistas como "vacas gordas". Na primeira vez que foi chamado à justiça foi no abrigo temporário onde funcionava o escritório do Juiz de Paz. Audiências trabalhistas na fase conciliatória podem ser feitas com o Juiz de Paz. Desta vez o jovem que nos levou à audiência havia trabalhado duas semanas apenas e o supervisor o havia pego "levando" instrumentos de trabalho para casa, foi despedido. Sua acusação é que ninguém tinha provas que ele havia roubado nada e ele queria indenização falsa acusação etc.etc. Instruí o supervisor que nada dissesse sobre "roubo" mas sim que não necessitávamos dos serviços do rapaz.

O Juiz de Paz perguntou: então porque é que você o despediu? O supervisor, sendo haitiano e conhecendo como a justiça funciona, disse: Ele tem 50 cabras, não necessita de trabalho. O Juiz aceitou a explicação e o caso foi encerrado, nem o advogado do rapaz disse uma palavra ! Num outro caso, outro trabalhador após um mês teve um acidente, deslocou a clavícula, com o braço na tipóia não podia trabalhar, pagamos os gastos médicos e o mês que ficou em casa. O "médico" dele deu uma carta em que esse trabalhador deveria ficar um ano sem trabalhar...nossos médicos avaliaram as chapas de raio x e decidiram que ele poderia fazer trabalhos leves com o outro braço até para evitar atrofia do braço na tipóia por falta de movimento. Fiz um contrato com ele e ele recomeçou a "trabalhar" limpando o acampamento. Mas o rapaz gastava mais tempo conversando com os outros, nem trabalhando nem deixando os outros trabalharem, segundo a lei se um trabalhador é acidentado e não pode fazer nenhum tipo de trabalho ele deve permanecer em casa, se passou os tres meses de experiência, a Ofatma deve pagar algo de salário até que ele receba um atestado de um médico dizendo que ele já está apto a voltar ao trabalho, por tres meses a firma deve manter o posto aberto caso ele volte. Assim o mandei pra casa até que ele pudesse voltar com um atestado médico, como ele não tinha seguro ainda, iria ficar sem salário. Nos levou à justiça, claro, eu já esperava.

Como sempre, a justiça trabalhista é rito sumário, o jovem apresentou sua demanda na segunda-feira, no mesmo dia recebemos a ordem de nos apresentar na terça-feira. Levei meu supervisor experto no assunto de "cabras", ele me assegurou que aquele caso estava fácil, nem se preocupe, me disse. O rapaz havia levado seu advogado que falava como "madame sagá", um passarinho amarelo, pequeno, que no verão nos acordam às 4 da manhã chilreando como matracas. Eles queriam um ano de pagamento mais todos direitos existentes e não existentes. Deixei meu supervisor falar, o juiz não se convenceu e deu ganho de causa ao jovem, ou seja iríamos pagar, segundo suas contas, mais de dois mill dolares ao mês... saímos do tribunal já com a ideia de chamarmos nosso advogado para irmos à segunda instância já que não houve acôrdo. Mas, que surpresa, já na calçada o juiz nos chama de volta à sala do forum. Desta vez ele quiz me ouvir, espliquei que o rapaz não queria trabalhar e por isso estávamos seguindo a lei ao pé da letra. O juiz disse: mudei minha opinião...

O Juiz pediu que me aproximasse da mesa e ai ele nos disse que participava de uma organização de ajuda a agricultores e que ele necessitava de abrigos temporários. Ele reconheceu o nome que eu trazia na camisa, estávamos construindo centenas de abrigos temporários naquela área. Disse que dera o nome de sua organização para nosso supervisor a quem intrui que colocasse o nome na linha normal de pedidos de abrigos, não queria ser acussado de "comprar a justiça" oferecida. O advogado do rapaz não disse nada nem nos levou ao contencioso. Todos sabiam que o jovem não gostava de trabalhar, havia comprado uma motocicleta e quando precisava de dinheiro fazia bico de moto-taxi.

Apendice 2.

AS ONG'S BEM OU MAL?

Muitas nações se comprometeram a enviar fundos para o Haiti. Mas a estrutura do país e sua história de corrupção fizeram com que alguns países escolhessem agências não governamentais com um histórico comprovado de integridade e eficácia para serem o canal de ajuda ao país utilizando aqueles fundos. Minha organização é uma ONG cristã não-denominacional, que tem sido financiada por doações como também "grants" , fundos governamentais ou não, oferecidos a entidades sem fins lucrativos.

Eu acredito que o nome organização não-governamental coloca um peso enorme sobre essas agencias. Dá a impressão de que elas são concorrentes ou complementam as áreas onde o govêrno não está funcionando. Prefiro o nome "organização humanitária". Quando há uma catástrofe onde há necessidade de ajudar as pessoas em desespero, aí chegam as ONG's. Pode ser um incêndio, uma inundação, terremoto qualquer catástrofe que necessite ajuda de fora, essa assitencia humanitária é a finalidade das ONG's.

Socorrer os necessitados é uma obrigação de todos nós, e há pessoas que se especializam nisso. Eles organizam esforços de reunir os meios e capacidade para fazer um trabalho mais eficaz, assim surgem as organizações humanitárias. Quanto mais a organização se envolver em diferentes linhas de frente ou em funcionar em uma linha específica de ajuda com maior volume, mais sofisticada e burocrática se torna. As grandes ONG's operam como um exército. Eles teem uma porcentagem de empregados trabalhando no levantamento de fundos, recrutando outras organizações como igrejas, associações, etc, indo para o público em geral, ou ainda por meio de doações privadas ou governamentais. Quanto mais eficiente em arrecadar fundos mais projetos podem ser desenvolvidos.

Certamente dentro de qualquer organização haverá pessoas com diferentes motivações. Alguns veem com uma missão, eles são altruístas, compartilham a missão de sua organização. Outros têm um espírito aventureiro, querem ajudar e ao mesmo tempo viajar para áreas diferentes, ter diferentes experiências de vida. Ainda outros têm uma motivação carreirista, eles amam o que fazem, mas mantêm o foco em como a organização funciona e como podem subir de posição. Alguns teem um pouco de tudo, é uma missão, é uma experiência, como também pode ser uma carreira profissional.

Em uma zona de catástrofe, a maioria das ONG funcionam em duas fases. Primeiro, o socorro imediato que dura pouco tempo de acordo com a política do país e a visão geral da ONG. A segunda fase torna-se em desenvolver projetos de longo prazo. Acredito que após os primeiros socorros, como remoção de entulho, distribuição de víveres, abrigo temporário ou qualquer outra atividade necessária, todas as ONG's têm um tempo de revaliação, se o que estão fazendo pode causar danos ao longo prazo. Por exemplo, o programa de alimentação nos primeiros meses é uma necessidade, contudo, será melhor criar empregos ou facilitar pequenos empréstimos para iniciar pequenos negócios que criarão menos dependência.

A contínua distribuição de víveres destroi as possibilidades de recuperar a economia de mercado e produção agrícola, além de degradar a auto-estima de um povo. A população carente necessita ajuda porém dentro de um plano abrangente. No caso do Haiti, a distribuição de alimentos, abrigos etc deve requerer em contrapartida coisas como, limpar o lugar onde vivem, como se estruturarem em pequenas comunidades sociais para cuidar de pessoas idosas, crianças, jovens, viúvas, etc.

Um problema que lamentei é a competição entre ONG's e a cultura de números. Ambos parecem ter a ver com ganhar e ou manter patrocinadores. Pensei que através dos "clusters" , dos grupos de trabalho as ONGs estivessem unidas como organizações humanitárias para criar um maior impacto nas áreas mais sofridas. O Haiti pode ser um lugar onde todos possam ver o bem que as organizações humanitárias fazem por um país. Se todas as ONG's deixarem o Haiti hoje, mal se pode ver o impacto que fizeram a longo prazo, a não ser que tenham criado projetos auto-sustentávies com empregos a longo prazo.

Certamente algumas pessoas foram tratadas em hospitais, clínicas, algumas pessoas foram iluminadas pelas religiões, outros tinham comida ou roupas, outros receberam sementes etc, mas em termos de mudanças estruturais, auto sustentado das comunidades, o país sentiu mudanças? Pode-se mostrar que uma determinada região serve de cartão-modelo para o resto do país?. Talvez eu esteja sonhando, mas quando penso em contribuir com propósito eu acho que o propósito é criar condições para que o país se estruture, onde as pessoas podem ver que eles são responsáveis por seu próprio país. Eles são responsáveis pelo destino de suas vidas. Por exemplo, construímos algumas latrinas para uma pequena comunidade de abrigos temporários, mas não muito tempo depois as latrinas estavam tão sujas que estavam inutilizáveis. Para nossa surpresa as pessoas da comunidade nos pediram para limpar suas latrinas!!! Isso é o que eu chamo de doar por apenas doar, sem ensinar "tomar posse", apropriar-se da ideia.

A finalidade de doar deve ser também a de criar senso de responsabilidade. Eu costumava perguntar aos haitianos meus amigos, você acha que o Haiti pode mudar? A resposta comum era: Não. Porque não?, eu perguntava. Por causa do povo haitiano, eles respondiam. Por que a maioria do povo haitiano acham que eles não podem mudar? Devido a sua história. Ele vêem que nada muda no país, e eles percebem que não podem se unir para mudar nada. Então, a vida é apenas assim. Nós não podemos mudar, me diziam. Esse é o lugar onde as ONGs podem fazer o melhor para o país. Podem dar uma visão de que tudo é possível quando nós escolhemos acreditar e optamos por mudar. Dar os meios, sim, eles precisam de parceria, mas requerer em troca que eles aprendam e façam sua parte, para que eles possam tomar posse das ideias, sentirem-se donos responsáveis por seu destino. Enfim, que Haiti viva um novo dia.

Escola de computação com a juda de uma ONG

AUTOR

Nascido em Presidente Prudente, São Paulo, Brasil, em 1951. Filho de Argemiro Lacerda e Apolinesia Ferreira. Aquele deixou a familia bem cedo o que levou sua mãe a leva-lo ainda em tenra idade para Pernambuco para morar com seus avós.

Ainda adolescente, voltou a morar com sua mãe agora casada com o engenheiro Rodolfo Schaffer vivendo em São Paulo. Era uma vida melhor, seu padrasto era guarda-livros de uma empresa bem estabelecida.

Convertido a Cristo aos 17 anos, tornou-se membro da Igreja Batista de Vila Mariana, logo após se matriculou no Instituto Bíblico, para que pudesse aprender melhor a sua fé e caminhar cristão.

Poucos anos depois foi para Campos, Rio de Janeiro para cursar o Seminário Teológico Batista Fluminense e no início do 4 ° ano, foi ordenado para ministrar a Primeira Igreja Batista de Carapebus, RJ (abril 1978). Após receber o grau de Bacharel em Teologia, entrou para a Faculdade de Direito de Campos e se tornou um advogado licenciado, inscrito na Ordem dos Advogados do Brasil.

Exerceu a advocacia no tribunal de família ao mesmo tempo que ensinava grego e NT no seminário. Logo tornou-se vice diretor do Colégio Batista Fluminense, hoje Universidade Batista, na cidade de Campos. Na década de 90 voltou para São Paulo, para um novo ministério e, em seguida, para lecionar na Universidade de Taubaté UNITAU,

Em 1993 foi para os EUA, para a pacífica cidade de Burlington na Carolina do Norte. Foi um novo começo. Logo ele abriu "Lacerda Realty Inc", uma imobiliária que dirigiu por 12 anos. Com a desaceleração da economia america, ele transferiu a empresa para um de seus agentes e foi trabalhar no Haiti.

Após 8 meses no Haiti, regressou aos EEUU para escrever o presente livro e continuar na caminhada cristã.

Livros de sua autoria:

Heaven on Earth, here and forever.

Living by Design, your Law of Attraction.

Los Cielos en La Tierra.

Céus na Terra, O Reino dos Céus entre Nós.

Pregando o Reino.

Sweet Haiti, Resilient Love.

Adquira-os em http://www.createspace.com/3370149